똑똑하게 직장생활 하는 법
가우스전자
신입사원 편

1쇄 인쇄 | 2023년 1월 23일
1쇄 발행 | 2023년 1월 31일

그림 | 곽백수
제공 | 네이버웹툰

글 | 김민정, 김장미, 김희연, 엄혜선, 윤명훈, 이장원, 이혜준

책임편집 | 정은아
디자인 | 빅웨이브
마케팅 총괄 | 임동건
마케팅 | 안보라
경영지원 | 임정혁 이지원

펴낸이 | 최익성
출판 총괄 | 송준기
펴낸곳 | 파지트
출판등록 | 2021-000049호
주소 | 경기도 화성시 동탄원천로 354-28
전화 | 070-7672-1001
팩스 | 02-2179-8994
이메일 | pazit.book@gmail.com

ISBN | 979-11-92381-32-9

그림 곽백수
글 김민정, 김장미, 김희연, 엄혜선, 윤명훈, 이장원, 이혜준

pazit

PROLOGUE

Gaus mail

편지쓰기

받은편지함
별표편지함
다시 알림 항목
보낸편지함
임시보관함
더보기

메일 검색

[가우스전자] 입사 관련 안내드립니다.

newcomer@gaus.com
나에게

안녕하세요, 신입사원 여러분.
가우스전자 채용담당자  입니다.

먼저 최종 합격을 진심으로 축하드립니다!
긴 채용 과정 동안 누구보다 높은 열정으로 임해주셔서 감사합니다. 각 전형을 거치며 우수한 역량을 보여준 여러분과 함께하게 되어 매우 기쁘다는 말씀을 드리며, 입사 전 한 가지 안내사항을 전달드립니다.
최종 합격 발표와 함께 한 권의 책이 여러분의 자택으로 발송되었습니다.

해당 책은 신입사원의 성공적인 온보딩1을 돕기 위한 지침서로, 누구보다 많은 신입사원을 마주한 7인의 인사담당자들이 직장 내 처세술과 실무 팁을 전합니다. 뿐만 아니라, 그

1 **온보딩** 온보딩 신규 입사자가 조직에 순조롭게 적응하고 정착할 수 있도록 지원하는 과정. 사전적으로는 배나 비행기에 '탑승하는 것'을 의미하고, 기업 등의 조직에서는 조직에 '안착하는 것'을 의미함

들이 신입사원 시절 겪은 시행착오와 그 과정에서 얻은 깨달음과 눈물, 불안과 고민, 그리고 따뜻한 위로를 진솔한 마음으로 담았습니다.

이는 사회에 첫발을 내딛는 여러분이 앞으로 마주할 역경을 슬기롭게 헤쳐 나가는 데 좋은 길잡이가 될 것입니다. 이에 입사 전까지 책 내용을 숙지해주시길 당부드립니다.

다시 한번 가우스전자의 가족이 되신 것을 환영하며, 설레는 마음으로 여러분과 함께할 여정을 손꼽아 기다리겠습니다.

그럼 첫 출근일에 뵙겠습니다.
감사합니다.

가우스전자 채용담당자 드림

CONTENTS

PART 1 첫X

PART 2 비즈니스 관련 팁

PART 3 마인드셋

PART 4 상사병 예방

PART 5 성장과 행복

가우스전자

가우스전자

PART 1
첫X

#1

인사이동

1년 전
이상식 씨
짐싸는 거야?
네

나는 마케팅 3부로
인사명령을 받았다
옮기더라도
종종 보자고
그래야죠

처음 입사 때 발령받은
총무부
새 부서에서
잘해보게
네, 그동안
감사했습니다

아무래도 첫 사회생활이다 보니
실수도 많았고
잘가~

불명예스럽게도
어리바리 이상식이란
별명도 얻었다

하지만 마케팅 3부로
옮기게 되면 완전히
새로 태어나겠어

초엘리트사원 이상식
스마트한 사원 이상식으로
리셋하는 거야!

캄캄했던 취준 기간을 지나 드디어 원하던 회사에 당당하게 최종 합격한 신입사원 A 씨! 길었던 입문 교육을 마치고 드디어 내일, 부서 배치일이 다가왔습니다.

'첫인사는 어떻게 해야 하지? 내 사수는 어떤 사람일까? 옷은 뭐 입지? 첫날인데 칼퇴 시켜주려나?' 등등 여러 고민에 잠 못 이루는데….

회사마다 신입사원 부서 배치를 진행하는 방식이 다르겠지만, 일반적인 신입 공채로 입사한 경우에는 입문 교육이 종료된 시점에 배치되었습니다. 교육이 끝나갈 때쯤 인사담당자와의 부서 배치 면담이 잡히고, 이때 각 조직에 대한 소개, 희망 부서 등에 대한 이야기를 나누며 관련 정보를 공유받습니다.

사실 교육 동안은 실질적인 업무를 하는 것도 아니고, 접촉하는 사람도 입사 동기와 교육 담당자뿐이다 보니 긴장감도 덜한 편입니다. 그러나 부서에 배치된 후에는 다르죠. 앞으로 몇 년간 함께 일할 사람들에게 좋은 첫인상을 남겨야 한다는 생각은 부담으로 다가옵니다.

신입사원을 미리 경험해본 사람으로서 저에게 도움이 되었던, 혹은 미리 알았더라면 도움이 되었을 팁을 모아봤습니다. 다만, 저의 주관적인 경험을 바탕으로 작성한 글이기에 비판적인 사고로 읽어보길 바랍니다.

첫 출근을 앞둔 신입사원에게

첫째, 시간에 맞추어 출근합니다.

첫날부터 근태에 문제가 생기면 곤란하기에, 지각은 절대 금물입니다. 특히나 출근길에는 어떠한 변수가 닥칠지 모르기 때문에, 지도 앱 등에서 예상되는 소요 시간보다 여유 있게 출발합니다. 다만 간혹 열정이 넘치는 분들의 경우, 정해진 시간보다 1시간 이상 일찍 출근하곤 하는데요. 개인적인 생각으로는 이렇게까지 지나치게 일찍 출근할 필요는 없을 것 같습니다. 사무실 문이 열려 있지 않을 가능성도 있고요. 채용담당자로 일하다 보면 간혹 만나게 되는 유형인데, 출근 전 이러한 연락을 받고 나면 저 또한 조급해져 얼른 달려가곤 했습니다.

둘째, 옷은 적당히 단정하고 깔끔하게 입습니다.

업종마다 다르겠지만 요즘엔 대다수 기업의 출근 복장 기준이 완화된 것 같습니다. 흔히 회사에선 '비즈니스 캐주얼'로 입으라고들 합니다. 제가 생각하기에 비즈니스 캐주얼의 핵심은 '재킷'인 것 같습니다. 날씨에 따라 셔츠나 블라우스로도 대체 가능하고요. 위 아이템만 걸쳐주면 나머지 아이템은 청바지, 운동화 등 캐주얼하게 입어도 단정해 보이는 효과가 나타납니다.

셋째, 개인 비품을 어느 정도 챙겨갑니다.

특히, 펜과 포스트잇, 메모할 노트는 반드시 챙겨 OJT나 업무 인수인계 시 소지하도록 합니다. 간혹 인수인계를 위해 자리로 신입사원을 부르면 맨몸으로 와서 멀뚱히 서 있는 분들이 가끔 있는데, 이럴 경우 살짝 난감합니다. 이외에도 첫 출근날에는 웰컴키트, 전산 장비 등의 포장을 새로 뜯을 일이 많으므로 가위나 칼도 함께 챙기면 쓸 일이 있을 것입니다.

넷째, (가능할 경우) 구성원 이름은 미리 외워 가면 매우 편합니다.

회사마다 다르겠지만, 입문 교육 중 메신저 등을 통해 조직도를 파악할 수 있는 곳이 있습니다. 배치받을 부서가 확정되었다면 내가 속할 조직의 부서장들과 팀원들 이름 정도는 외우고 가는 걸 권장합니다. 첫날 너무 많은 정보가 머리에 입력되기에 구성원 이름과 직급 정도는 미리 외워두는 게 편하기 때문입니다(그렇다고 미리 알아간 티를 내는 건 멋이 없습니다). 여유가 된다면 회사 조직도를 빈 종이에 그려봅니다. 조직별로 일이 어떻게 분배되는지 대략적으로나마 파악할 수 있습니다.

다섯째, 인사는 보이는 사람마다 씩씩하게 합니다.

생각보다 사람들은 신입사원에게 관심이 많습니다. 대화도 안 나눠봤던 분인데 나중에 이야기해보면 제 프로필을 꿰고 있어서 놀랐던 기억이 있습니다. 이런 경우는 대부분 좋은 유형의 관심이긴 합니다. 사실 인사하는 게 어려운 일은 아니잖아요. 먼저 다가가 인사를 건네며 긍정적인 첫인상을 남겨 봅시다.

이로써 부서 배치 첫날이 끝났습니다. 무사히 첫 출근을 마친 여러분, 정말 고생 많으셨습니다. 첫날은 너무 눈치 보지 말고 얼른 들어가 쉽시다. 내일부터는 바쁜 일정이 기다리고 있을 테니까요.

베스트 댓글

진짜 회사에서 한번 잘못 찍히면 평생 간다….

#2

첫 임무

아…

첫 출근

서울 중위권 대학을 나와
번번히 취업문턱에서 좌절
믿을 건 영어밖에 없다고 생각해
영어만 파기를 3년
토익 970점!
합격

일류대생도 들어가기 힘들다는
국내 굴지의 유통회사에 취직했다
합격

이제부터 시작이다
여기에 그치지 않고
더욱 더 노력해서
최고의 커리어 우먼이
될 테다!

서도익 씨 빨리 와봐
할 일이 생겼어
네!

• 외국인 아지즈는 시식 코너에서 끼니를 때우기 때문에 다른 사람들이 먹을 음식을 남겨두지 않아 마트 직원들이 곤란해하지만, 본인이 난처한 상황에서는 한국말을 하지 못하는 척한다.

여러분의 첫 출근은 어떠셨나요? 제 첫 출근은 아주 눈이 많이 오는 날이었습니다. 1937년 적설 관측 이래 가장 많은 눈이 내렸다고 합니다. 신입사원인 저는 지하철역까지 걸어가는 길에 쌓인 눈에 발이 폭폭 빠지면서 신발도 양말도 다 젖었습니다. 도로는 스키장이 따로 없었고,

실제로 그날 스키를 타고 출근한 사람이 있다는 기사가 일간지를 장식했습니다. 하지만 그보다 더 기억나는 것은 첫 출근의 설렘과 긴장입니다. '아, 내가 드디어 사회인이 되는구나!' 하는 마음과 '내가 잘할 수 있을까?' 하는 마음에 두근두근하며 발걸음을 재촉하던 기억이 있습니다.

첫 출근의 설렘이 지나고 나면, 회사생활은 점점 불안과 걱정이 늘어납니다. 업무가 주어지기 때문입니다. 첫 회의, 첫 보고서, 첫 프로젝트. 신입사원들이 가장 두려워하는 바로 '첫 업무'입니다. 모두 '처음'인 업무에 행여 실수를 저지르지 않을까 걱정과 고민이 앞서게 됩니다. 실제로 실수도 많이 합니다.

제 첫 실수담을 말씀드려 볼까요? 입사하자마자 맡은 첫 업무는 사내 MBA 과정을 진행하는 것이었습니다. 회사의 핵심인재들이 다니는 교육 프로그램이었습니다. 부서에 출근한 지 일주일이 채 되지 않아 MBA의 졸업식이 있었습니다. 단순한 졸업식이 아니라 사장님부터 모든 임원과 직원 그리고 외부 하객이 참석하는 큰 행사였습니다. 모든 행사가 그렇듯이 실수가 없도록 게 꼼꼼하게 준비했습니다. 저는 선배가 시키는 대로 이리저리 움직였습니다.

드디어 행사 당일이 되었습니다. 리허설을 하면서 선배는 저에게 졸업 선물을 전달하는 역할을 맡아달라고 얘기했습니다. 졸업생들이 차례대로 졸업증서를 받고, 저는 졸업생에게 졸업선물을 전달했습니다. 누구나 할 수 있는 간단한 일이었습니다.

잠시 후 본 행사가 시작되었습니다. 리허설에서 했던 것처럼 졸업생에게 졸업선물을 전달하고 있었습니다. 그런데 무대 앞 임원석에서 술렁거리기 시작했습니다. 알고 보니, 제가 졸업생에게 직접 선물을 주는 것이 아니라 지도교수님이 졸업생에게 선물을 주도록 전달하는 것이었습니다. 제가 직접 졸업생에게 선물을 주다 보니 교수님은 옆에 멀뚱멀뚱 서 있고 차장님, 부장님들은 신입사원인 저에게 꾸벅 인사를 하며 선물을 받았습니다. 지켜보던 임원들은 박장대소를 했습니다. 상무님이 무대로 올라와 제가 잘못하고 있다고 일러준 뒤에야 제 실수를 깨달았습니다. 행사가 끝나고 사무실로 돌아오는 길에 생각했습니다.

'아, 이런 큰 행사에서 실수를 하다니…. 이제 나는 모자란 사람으로 찍히는 건 아닐까….'

사무실로 돌아온 지 얼마 되지 않아 상무님이 잠시 저를 불렀습니다. 그리고 이렇게 말했습니다.

"윤 주임, 아기가 처음부터 걸을 수 있나. 신입사원 때는 원래 그런 거야."

이날의 실수는 저에게는 잊을 수 없는 기억입니다. 그리 어려운 일도 아니었는데 신입사원 때는 왜 그리 어리바리했을까요? 저처럼 '첫 업무'를 앞둔 여러분이 실수를 덜 하도록 당부하고 싶은 얘기가 있습니다.

첫 시작, 첫 업무는 어떻게

첫째, 적자생존, 잘 듣고 메모하세요.

신입사원에게 주어진 업무는 과제만 잘 이해하면 해결할 수 있는 수준일

확률이 높습니다. 따라서 업무 지시를 잘 이해해야 합니다. 선배의 말에 귀 기울이고, 꼭 메모하세요. 업무 관련 교육이나 인수인계 회의를 할 때는 빠짐없이 기록해야 합니다. 우리는 열심히 적는 사람을 보면 신뢰감을 갖습니다. 적자생존, 적는 사람이 살아남습니다.

둘째, 물어보기 전에 검색했나요?

어느 정도 체계가 있는 회사라면 업무에 필요한 내용은 문서로 기록되어 있습니다. 대기업이라면 전자결재 시스템이나 그룹웨어, 문서철에서 필요한 자료를 찾을 수 있습니다. 스타트업이라고 하더라도 구글문서, 컨플루언스, 노션 같은 공유문서를 사용하는 경우가 많고, 적어도 메신저에는 업무 관련 논의가 남아 있을 수 있습니다. 금방 검색하면 알 수 있는 질문을 반복하는 신입사원은 아무래도 적극성이 부족해 보이기 마련입니다. 문서 파일들을 통해 업무 히스토리를 파악해보세요.

셋째, 모르는 것은 모아서 질문하세요.

그럼에도 잘 모르는 것은 질문해서 명확하게 답을 얻으세요. 본인이 임의로 판단하여 짐작하지 말고, 꼭 선배나 관련 담당자에게 질문하세요. 단, 같은 질문을 여러 번 반복하지 마세요. 시도 때도 없이 상사나 선배에게 질문하는 것보다는 궁금한 점을 한 번에 모아 상대방이 여유 있는 시간에 질문하는 것이 좋습니다. 미리 메신저로 허락을 구하거나, 괜찮은 시간대를 확인하면 불편한 상황을 피할 수 있습니다. 여러 번 질문하지 않도록 질문할 내용과 질문 순서를 미리 메모해두기를 권합니다.

회사는 처음부터 신입사원에게 큰 기대를 하지 않습니다. 능숙한 기술이 요구되는 일이라면, 애초에 경력이 많은 사람에게 맡겼을 것입니다. 그래서 신입사원이 훌륭하게 일을 처리하는 것보다는 그 과정에서 어떠한 업무 태도를 보여주는지가 중요할 수 있습니다. 자신이 할 수 있는 최선의 노력을 했다면 실수가 있더라도 괜찮습니다. 첫술에 배부를 수 있나요. 하나하나 배워나가면 여러분도 곧 능숙하게 업무를 해내는 일잘러가 될 수 있을 거예요!

베스트 댓글

첫 업무 지금 생각해보면 아주 사소한 일인데, 왜 그렇게 긴장이 되었는지….

응? 뭐 보고 계세요?

취직 준비할 때는
그렇게 저 안에
들어가고 싶어 했었는데...

지금은 들어가기 싫어서
서성거리고 있다는 게 우스워서
그러고 보니
그렇네요

회사생활에 치여서
부정적인 생각만
가득한 게 아닌가 싶어
그런 면이 있죠

다시 한번 초심을 찾아서
열심히 달려볼까 생각하고 있어
좋죠

오늘은 제가 회사에 입사한 지 3년째 되는 날입니다.

매주 같은 업무, 같은 주제에 대한 회의, 같은 사람들… 매일 똑같은 쳇바퀴 같은 일상만 계속됩니다. '그래도 이번 주 금요일은 월급날이니까. 그날까지만 잘 버티자'라는 생각으로 일하고는 했습니다.

-한 달 뒤-

저와 반대로 그 당시 부사수로 입사한 채연 님은 매일매일이 의욕입니다.

"장원 님, 이번 기획안 초안 작성 완료했는데 봐주실 수 있나요?"

"장원 님, 요청하신 백데이터 다 채웠는데 제가 가공도 해볼까요?"

"장원 님, 엑셀 수식 이 부분 이렇게 수정하면 더 좋을 것 같은데 어떻게 생각하시나요?"

"장원 님, 제가 추가로 해야 할 일이 없을까요?"

처음에는 제 할 일만으로도 벅차 채연 님의 업무를 도와주는 것이 힘들었지만, 누군가에게 제 지식을 전달한다는 것은 생각보다 기쁜 일이었습니다.

-회식 자리-

"채연 님, 입사한 지 벌써 한 달이 되었네요. 축하해요!"

"감사합니다, 장원 님. 항상 친절하게 잘 알려주신 덕분에 실력이 많이 늘어난 것 같아요."

"아니에요. 채연 님이 항상 의욕을 가지고 열심히 해주셔서 그렇죠. 그런데 왜 그렇게 열심히 하세요?"

"사실 제가 취준 기간이 정말 길었어요. 인사팀에서 꼭 일하고 싶었는데 1년 넘게 합격을 못 하다가… 이번에 처음으로 붙은 거라, 일할 때마다 정말 행복해요!"

순간 소주 한잔을 마시면서 많은 생각이 들었습니다. 저도 입사할 때는 지금과 다르게 의욕이 넘치고 항상 열심히 했었는데…. 그동안 제가 매너리즘에 빠져 일하던 모습들이 주마등처럼 스쳐 지나갔습니다.

– 집으로 걸어가며 –

반쯤 취한 상태로 집으로 걸어가는 길. 그동안 저의 나태했던 모습을 반성하며, 내일은 초심으로 돌아가 파이팅해보기를 다짐합니다.

누구나 취준생인 시절은 있었다

여러분은 어떤 것을 소유하기 위해 간절하게 원했던 경험이 있으신가요? 저도 어릴 때 '힐리스(바퀴 달린 운동화)'가 너무 갖고 싶어서 어머니께 '힐리스를 사주시면 공부도 열심히 하고 편식도 안 하고 매일매일이 행복할 것 같다'라고 두 달 동안 설득해서 결국 선물로 받았던 경험이 있습니다. 하지만 힐리스를 얻고 두 달 뒤, 처음의 간절함을 잊어버리고 약속을 지키지 않아 결국 힐리스를 압수당했습니다.

회사도 마찬가지일 거예요. 처음 간절했던 목표를 달성하고 나면 시간이 지날수록 간절했던 마음은 점점 사라지고, 매너리즘에 빠져 하던 일들이 지겨워지며, 나중에는 퇴사까지 생각하게 될 때가 분명히 있을 겁니다. 저 역시 그랬으니까요. 저는 취업준비생 때 인사팀으로 취업만 할 수 있다면 비록 기독교인이지만 '108배를 하면서 매일 출근할 수 있다'고 생각했었어요. 하지만 첫 번째 회사를 2년 만에 퇴사하게 되었지요!

자기소개서를 쓸 때의 창의성, 면접관 앞에서의 당당함과 간절함은 입사 후 사그라들곤 합니다. 눈앞의 일에 치이거나 사람들과의 관계에 지칠 때, 혹은 회사가 나의 기대와는 다를 때도 마찬가지이지요. 그럴 때 '우리는 초심을 잃었다'라고 이야기합니다.

어떻게 초심을 잃지 않고 유지할 수 있을까요? 사실 저는 초심은 중요하지 않다고 생각합니다. 이렇게 이야기하면 이상하게 생각하실 수 있지만 초심은 목적이 아니라 수단이기 때문입니다. 웹툰에서의 김 대리처럼 초심은 '열심히 달리기'라는 목적 달성을 위한 수단이지 그 자체가 목적이 아닙니다. 따라서 우리의 질문은 다음과 같이 달라져야 합니다. 우리는 어떻게 지치지 않고 계속 달릴 수 있을까요?

첫째, 끊임없이 '동기부여'를 해주세요.

1년, 5년, 10년, 20년 이런 식으로 단기, 중기, 장기적 목표를 가지고 직장생활을 하는 것이 균형을 잃지 않고 지속적으로 할 수 있는 방법입니다. 제 주변에도 쉬지 않고 직장생활을 한 선배님들의 공통점이 바로 이것이었습니다. 그분들이 지구력이 좋았던 이유는 뚜렷한 단기, 중기, 장기적인 목표가 있었고 그것을 원동력으로 삼아 달려왔기 때문입니다.

둘째, 새로운 루틴routine을 만들어보세요.

단순히 동기부여만으로는 웬만한 의지 아니고서야 계속 달리기 힘들 수 있습니다. 마치 우리가 신년 계획을 연초에 세우지만 '작심삼일'에 그쳐버리는 것처럼요. 또 우리는 초심을 되찾고 싶지만 실제로는 처음 하는 것도 아니고, 이미 여러 경험을 통해 본인만의 습관을 가지고 있을 겁니다. 먼저 잘못된 습관들을 버리고 사소한 것들부터 리스트 업한 후 실천해보세요. 예를 들면 '평소보다 5분 일찍 출근하기'와 같은 것부터요! 사소함이 모여 새로운 습관을 만들고 결국 본인만의 새로운 루틴이 되어 지속적으로 달릴 수 있는 힘이 될 것입니다.

여러분의 단기, 중기, 장기적인 목표와 새로운 루틴에 대한 대답은 무엇인가요? 다음 빈 공간에 한번 써보면서 다시 초심을 다져보는 것은 어떨까요?

단기, 중기, 장기적인 목표와 새로운 루틴 만들어보기

베스트 댓글

현실이 잘 반영한 웹툰이네요. 저도 한때는 '미생 같은 삶'을 꿈꾸며 대기업에서 일했던 적도 있었습니다. 하지만 '초심'을 잃으니 어느 순간 친구도, 나 자신도 잃어가는 느낌이 들어 결국 퇴사하게 되더라고요.

#4

재킷가방

여기에 배터리도 들어가고
서류 넣을 공간도 있어요
음
또
발명이야?

그런 직장인용 백팩은 시중에도
많이 나와 있던데
그래서 다른 점을
하나 추가했죠

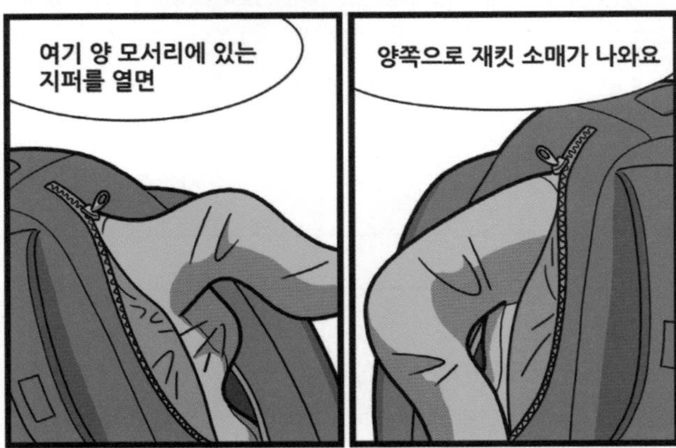
여기 양 모서리에 있는
지퍼를 열면
양쪽으로 재킷 소매가 나와요

위에 있는 지퍼를 열면
모자까지 나와서
갑자기 비가 오거나 하면
방수재킷으로 변신해요
오~

그거 좋네. 갑자기 추워지면
방풍용으로도 쓸 수 있고

에이 요새 우산이
얼마나 작아졌는데
그냥 가방에 우산 하나
넣고 다니지

그래서 좀 색다른 방식으로
마케팅을 해야 할 거 같아요
어떻게?

3월부터 시작되는 상반기 신입사원 공개 채용 콘셉트 회의가 있는 날이었습니다. 신입사원인 제가 과연 도움이 될 수 있을까 걱정이 되었죠.

오후 3시 반경, 채용팀 4명이 회의를 시작했습니다.

“오늘은 곧 있을 상반기 신입사원 공개 채용 콘셉트를 주제로 이야기를 하려고 해요. 요즘 MZ세대의 이목을 끌 만한 게 무엇이 있을까요? 영빈 님이 작년에 제안했던 우리 회사 IP 캐릭터를 이용한 콘셉트 아주 좋았는데…. 이번에도 좋은 아이디어가 있을까요?"

"민제 님, 요즘엔 유튜브가 대세예요. ['구독'과 '좋아요' 눌러주세요!]를 ['채용공고'와 '입사지원' 눌러주세요!]라고 포스터를 만들면 어떨까요?"

"오, 영빈 님! 상당히 트렌디하신데요? 역시 에이스! 전 유튜브 좋은 아이디어 같습니다!"

"유튜브도 정말 좋은 아이디어 같은데…. 이번에 입사한 장원 님은 어떻게 생각하세요? 최근까지 취준생이었으니까 좋은 아이디어가 있을 것 같은데요!"

"저도 유튜브 아이디어 정말 좋은 것 같습니다. 그리고 요즘엔 SNS에서 해시태그(#)를 많이 쓰는데, 그걸 활용해보면 어떨까요?"

"와, 정말 좋은 아이디어네요! SNS가 소통하는 방법 중 하나인 거잖아요? 그럼 우리도 지원자들과 소통한다는 의미로, 해시태그를 사용하여 전달하려는 메시지를 3개 정도 정하면 좋을 것 같아요."

"와, 역시 우리 신입사원의 아이디어는 참 신선하네요! 앞으로도 좋은 아이디어 계속 내주세요!"

괜스레 제가 뭐라도 된 것 같아 어깨가 으쓱해졌습니다. 입사한 지 한 달밖에 안 된 제가 이렇게 큰 프로젝트의 콘셉트를 잡다니!

'나도 할 수 있구나! 야, 우리도 할 수 있어!'

신입사원이 가장 잘할 수 있는 일

회사에 처음으로 입사하게 되면 모든 것이 다 새롭고 어려울 거예요. 사소하게는 지급받은 PC도 처음부터 세팅해야 하고, 메신저하는 방법, 업무에서 사용하는 기본적인 툴 사용법, 보고서 양식 등 모든 것을 새로 배우게 될 거예요. 그러다 보면 입사하기 전 그 당당하던 모습은 점점 사라지면서, 자신감도 점점 떨어지게 되죠. 그리고 '내가 과연 내 몫을 하고 있는 것인가?'라는 생각까지 하게 되면서 의기소침해질 수도 있습니다.

하지만 직장 선배들보다 여러분이 잘할 수 있는 것들이 있습니다!

첫째, 회의 때 다양한 아이디어를 내보세요.

아직 회사 때가 묻지 않은 여러분의 시각에서 다양한 의견을 제시해주세요. 여러분은 별거 아니라고 생각할 수 있겠지만 기존의 맴버들에게는 아주 큰 도움이 될 수 있어요. 어떠한 의견을 내야 하는지 모르겠다고요? 어렵게 생각할 필요 전혀 없어요! 여러분이 친구들과 카톡할 때 사용하는 신조어나 밈 아니면, 여러분이 즐겨보는 유명한 유튜브 채널에서의 주제 등을 그냥 던져보세요. 거기서 나온 아이디어를 정제하면 실제로 사용 가능한 아이디어가 될 수 있을 거예요.

둘째, '이건 왜 이렇게 진행하지?'라고 생각이 드는 것들에 이의제기를 해보세요.

아이디어뿐 아니라 기존에 행하던 관습이나 프로세스 같은 것들도 더 효율적으로 바꿀 수도 있습니다. 실제로 필자도 입사 전 면접 과정에서 사소하게 느꼈던 경험을 이야기하여 면접 프로세스를 고도화했던 경험이 있습니다. 단순히 기존 프로세스를 수용적으로 따라가는 것이 아니라 비판적인 사고를 하면서 다양한 의견을 내보세요!

셋째, 질문을 많이 해보세요!

질문을 하면 직장상사가 귀찮아할 것 같다고요? 물론 처음에는 그럴 수 있습니다. 하지만 사람이 가장 많이 성장할 때는 누군가에게 무언가를 가르칠 때라고 합니다. 상사도 질문에 답을 하면서 자연스럽게 성장하게 될 것이고, 이것은 팀에도 긍정적인 영향을 줄 수 있을 거예요. 주저하지 마세요.

넷째, 많이 웃으면서 긍정적인 에너지를 발산해주세요.

사실 갓 입사한 신입사원이 새로운 환경에서 단기간에 성과를 낸다는 것은 거의 불가능에 가깝습니다. 하지만 신입사원은 존재로 일한다는 이야기가 있습니다. 성과를 내지 못하더라도 팀의 분위기를 기존과 다르게 반전시킨다면 그것만으로도 가치가 있습니다. 여러분 존재만으로도 가치가 있다는 것이죠! 그럼, 내일 출근해서 우리 당장 시작해볼까요?

베스트 댓글

신입사원이 말하는 해결방안들은 현실과 동떨어진 경우가 정말 많아요. 하지만 그걸 조금만 다듬으면 창의적인 아이디어로 바뀌는 마법을 볼 수 있죠.

#5

재택근무

저 왔습니다
왔어
오셨어요

아휴 이놈의 출퇴근만
없으면 회사생활도
할 만할 텐데
하루에 세시간씩
이게 뭐야…
출퇴근 안 하고
어떻게 회사생활 해?
왜요?

어렸을 때 소년지 보면
21세기엔 정보통신 발달로
출퇴근 안 하고 집에서
재택근무 한다고 했잖아요
지금이 21세기고

아니 그런 끔찍한 일이
벌어질 거라고 써 있었다고?
네? 무슨 말씀이세요?

생각해봐
자 오늘도
건너방으로 출근!
일 시작해볼까?

여보 상철이
등원 좀 시켜줘
으응?
알았어...

네 이번 분기
예산 보고는 다음 주
중으로...
아빠 뭐해?
아빠 뭐해?

당신은 집에 있으면서
손 하나 까딱 안 하려 그래
...
맞아!

2021년 6월 테슬라의 CEO 일론 머스크는 테슬라 직원들에게 "사무실에 나와 일하거나, 아니면 테슬라를 떠나라"고 말했습니다. 2022년 11월 트위터 인수 후 그가 임직원들에게 보낸 첫 메일 또한 '재택근무 금지령'이란 점에서 화제가 되었습니다. 그가 사무실 출근을 역설하는 이유는 다음과 같습니다.

"테슬라는 지구에서 가장 흥미롭고 의미 있는 제품을 생산하고 있다. 이러한 작업은 원격으로 이뤄지지 않는다."

산업, 기업별 특성에 따라 정도의 차이는 있겠지만 코로나19의 등장과 함께 재택근무는 더 이상 낯선 근무 형태가 아니게 되었습니다. 그러나 코로나19 종식 이후에도 재택근무가 지금처럼 성행될지, 즉 재택근무의 지속 가능성 여부에 대해선 의견이 분분합니다. 특히 앞서 일론 머스크의 사례처럼 기업에서는 생산성 제고, 효율적인 인력 관리 등을 이유로 사무실 복귀로의 빠른 전환을 원하기도 합니다.

사실 회사 입장에서도 재택근무를 꼭 부정적인 시각으로 바라볼 필요는 없습니다. 우선 재택근무를 통해 사무실 유지 비용을 아낄 수 있습니다. 또한 완전한 재택근무를 시행함으로써 지리적 제약을 극복할 수 있습니다. 후보자의 거주지를 고려하지 않아도 되어서 더 다양한 인재를 채용할 수도 있습니다. 일례로 대구에 거주하며 평소엔 재택근무를 하다가 사무실 출근이 필요한 날에만 서울에 위치한 사무실로 출근하는 분도 만나봤습니다.

다만 모든 기업과 구성원이 재택근무를 성숙한 태도로 마주하기엔 충분한 시간이 확보되지 않은 듯합니다. 재택근무 시간 내내 구성원에게 웹캠 설치를 강요하는 기업들이 있는가 하면, 재택근무 시간 중 몰래 면접을 보고 오는 구성원들의 이야기도 종종 들리곤 합니다.

집에 있는데도 집에 가고 싶어지는 순간

그렇다면 근로자에게는 재택근무가 좋기만 할까요? 꼭 그렇지만은 않은 것 같습니다.

우선 일과 삶의 경계가 불분명해집니다. 모니터 너머로 보이는 식사 후 못 치운 설거짓거리가 거슬리고, 앞의 '가우스전자'처럼 한창 열심히 일하던 중 불쑥 동거인의 침입이 이뤄지기도 합니다. 자녀가 집에 있거나, 반려동물을 키울 경우 이러한 어려움이 더 가중되는 것으로 보입니다. 무엇보다도 휴식 공간인 '집'에서 업무가 진행되다 보니, 쉬고 있어도 언제든 일할 수 있는 환경이 갖춰진 느낌이 들고, 이는 곧 업무시간이 온종일 지속되는 것 같은 느낌을 줍니다.

그렇기에 우린 재택근무에 앞서 이것이 불러올 피로감을 줄이는 방법에 집중해야 합니다. 크게 두 가지 측면에서의 접근이 필요합니다.

첫째, 나만의 홈오피스를 구축하는 것입니다.

업무 공간의 변화에 따라 발생하는 불편함을 메꾸는 데 아낌없이 투자해야 합니다. 집에서도 유독 집중이 잘되는 공간이 있다면 미리 확보하고, 듀얼 모니터, 사무용 의자 등의 업무 장비를 갖추는 것도 중요합니다. 동거인이 있으면 업무시간에는 소통이 어려울 수 있음에 대해 미리 양해를 구합니다.

둘째, 일과 쉼의 경계를 분명히 하는 것입니다.

이를 위해선 시간에 따른 구분이 필요한데요. 더 높은 업무 생산성을 위해 점심시간 등 휴식도 시간 맞춰 꼭 챙기도록 합니다. 그리고 (내 방 책상 앞으로의) 출근 전과 퇴근 후 업무 공간에서 물리적으로 벗어나 환기하는 것도 중요합니다. 저의 경우 재택근무 시 아침에 눈 뜨자마자 노트북 앞에 앉아 바로 업무를 보는 것보다는 조금 일찍 일어나 근처 카페에 가서 커피를 사 오는 등 몸을 움직여주는 시간을 갖는 게 도움이 되었습니다.

재택근무에서부터 시작해서 원격근무**2**, 더 나아가 유연근무제**3**, 탄력근무제**4**, 시차출퇴근제**5** 등 다양한 근무 형태가 등장하고 있는 요즘입니다. 앞서 말씀드린 바를 통해 미루어 짐작 가능하듯이, 근무 형태의 자유는 곧 본인 스스로의 통제 상황이 많아진다는 것을 뜻합니다. 개인적인 생각으로는 이러한 담론이 '일하는 방식과 문화'의 다양성을 부여하고, 우리에게 그것이 갖는 의미에 대해 다시 한번 생각하게 만든다는 측면에서 긍정적인 현상이라고 생각합니다. 많은 사람이 이를 통해 일과 삶의 균형을 이루시길 바랍니다.

그런 의미에서 다시 한번 외칩니다. 재택근무 계속 유지해주세요!

베스트 댓글

재택근무 국룰: 회의할 땐 윗도리만 갈아입기!

---

2 원격근무 사무실 외 자택을 포함한 어디서든 업무 수행을 허용하는 근무 형태. 재택근무보다 포괄적인 개념

3 유연근무제 근로시간, 근로 장소, 근무량, 근무 연속성의 유연화를 허용하는 제도. 원격근무, 탄력근무제, 시차출퇴근제를 모두 포괄하는 개념

4 탄력근무제 주 소정근로시간을 유지하는 선에서 일 소정근로시간을 조정할 수 있는 제도
(예시) 월요일 10시간, 화요일 6시간, 수요일 7시간, 목요일 8시간, 금요일 9시간 근무

5 시차출퇴근제 일 소정근로시간을 유지하는 선에서 출퇴근 시간을 조정하는 제도
(예시) 8~5시, 9~6시, 10~7시

#6

술잔 돌리기

자 신입사원도
들어왔고 한 잔씩들
쭉 마시자고
환영해요

치이이이이이

어휴 우리 부서는
너무 구려. 맨날
삼겹살이야
치이이

다른 부서는 회식 때
패밀리 레스토랑도 가고
와인바도 가고 그런다던데
왜요
난 그런 거보다
삼겹살이 더
좋던데

쭈욱

자 성형미 과장
한 잔 받고
쪼
르륵

쭈욱

기 차장님도
한 잔 받으시죠
그럴까?

역시 시작되는군
한국의 회식문화에 빠지지
않는 술잔 돌리기

나 같은 결벽증 환자에겐 견디기 힘든 일
어이구
우리
신입사원도
한 잔 해야지

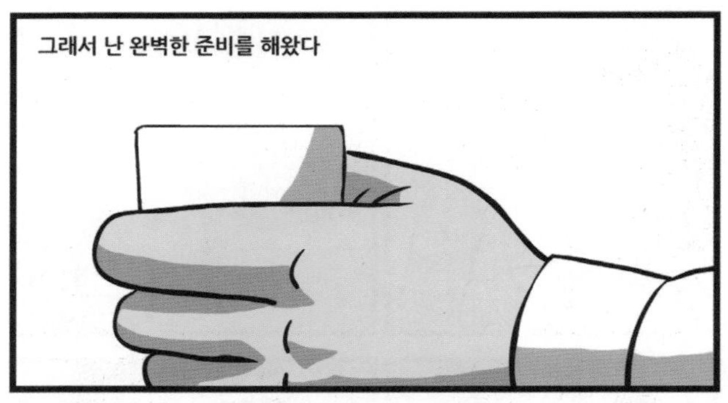

이야기를 시작하기에 앞서 말하자면, 저는 술을 거의 못 합니다. 그래서 이런 주제로 글을 쓰는 게 약간 부담이 되기도 합니다. 그렇지만 오히려 술에 약한 사람이 쓰는 회식 이야기가 나름대로 신선하게 느껴질 수도 있겠다는 생각에 용기 내 몇 자 적어보고자 합니다.

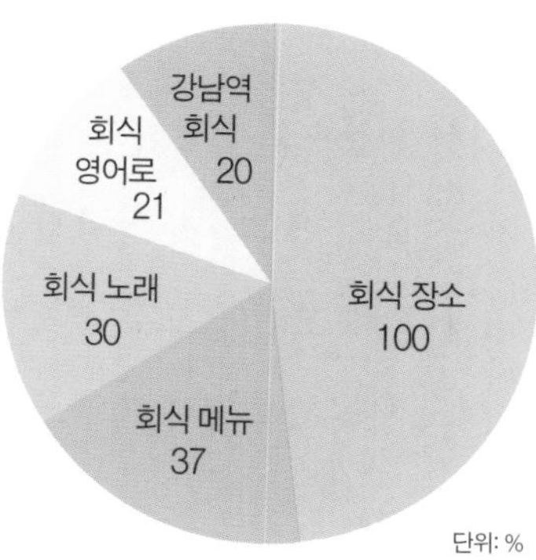

위 이미지는 Google 트렌드6에 기반한 지난 5년간 '회식' 검색 시 나오는 관련 검색어 상위 5개를 가져온 것입니다. 이를 통해 '회식 장소'에 대한 고민이 가장 많고, 그 외 메뉴, 노래 등에 대한 고민이 있다는 걸 유추할 수 있습니다.

저의 신입사원 시절은 코로나와 쭈욱 함께였습니다. 이에 회사 내 확진자 발생 여부, 정부의 사회적 거리두기 지침 변화 등에 따라 회식 가능 여부가 계속 바뀌어 첫 회식 자리가 밀리곤 했습니다.

그때를 돌이켜보면 회식을 핑계로 비싸고 맛있는 걸 먹는 건 좋았지만, 솔직히 그 자리 자체는 부담스럽게 느껴지기도 했습니다. 특히, 높은 분과 함께 자리하게 되면 정말 한술 뜨는 것 자체가 어려웠습니다. 평소 자주 뵙는 분이 아니기도 하고, 말씀하시는 데 뭔가를 먹고 있는 게 당시에는 예의가 아니란 생각이 들기도 했고요(소고기가 타들어 가는데 상무님 말씀이 안 끝나서 제 마음도 같이 타들어 갔던 그

6 Google에서 운영하는 서비스의 검색 쿼리를 분석하는 서비스

때가 생각나네요…).

3년 전의 저처럼 첫 회식을 앞두고 긴장하고 있는 신입사원들을 위해 크게 회식 전, 중, 후 3가지로 유형화하여 상황별 갖는 고민에 대해 답변하고자 합니다. 이 글을 통해 고민이 모두 해소될 순 없지만, 그래도 조금은 편한 마음으로 회식 자리에 임하는 데 도움이 되길 바랍니다.

회식, 피할 수 없으면 즐겨라!

회식 전

첫 번째 미션이죠, 장소 예약하기! 어디를 가야 모두 좋아하실까요? 다음과 같은 로직으로 회식 장소를 선정해봅시다. 첫째, 회식의 목적, 참가 인원 수, 임원 참석 여부, (존재할 경우) 예산 등을 파악합니다(예: 신입사원 환영회, 인사 담당 35명, 상무 참석, Max 100만 원).

둘째, 위 네 가지 기준에 적합해 보이는 식당을 최대한 많이 뽑아봅니다.

셋째, 이 중 사람들 간에 호불호가 갈리는 메뉴는 가능한 한 제외합니다(예: 너무 매운 음식, 향신료 등). 구성원들이 못 먹는 음식이 있는지 미리 파악해보는 것도 좋습니다.

넷째, 블로그 혹은 방문자 사진을 통해 식당의 구조를 상세히 파악합니다(룸 여부, 테이블 간 간격, 화장실 상태 등). 여유가 된다면 식당에 사전 답사를 가보거나, 퇴근길에 살짝 들러서 보고 가는 걸 추천합니다.

다섯째, 이제 2~4개의 후보지를 추리고, 구성원들의 의견을 수렴해 예약합니다.

회식 중

드디어 회식 당일! 회식 당일에 주의해야 할 사항은 다음과 같습니다.

첫째, 자리 선정은 매우 중요합니다(그렇지만 보통은 운에 의해 결정되곤 합니다). 보통은 상급자를 테이블 정중앙 혹은 가장 안쪽 자리에 앉게 하는데, 이에 대해선 함께 동석하는 사람들과 미리 얘기해보는 것도 좋습니다. 통로 가까이에 있는 자리는 주문 등을 위해 움직여야 하는 경우가 많지만, 신입사원은 좀 정신없더라도 이쪽에 앉는 게 마음이 편합니다.

둘째, 무조건 평소 주량보다 약하게 부릅시다(정말 자신 있다면 말리진 않겠습니다). 첫 회식부터 술 잘 마시는 이미지로 찍혀서 좋을 게 없습니다. 특히 신입사원이 첫 회식에서 술을 잘 마시면 바로 소문이 나 여기저기 불려 다닐 가능성이 커집니다. 혹시나 술에 취해 실수라도 하게 되면 큰일이니 오버는 절대 금물이며, 페이스 조절을 잘하도록 합니다.

셋째, 뒷담화는 절대 금물! 술에 취해서 혹은 편한 분위기가 조성되면 간혹 조직이나 구성원에 대한 불만을 토로하는 분들이 종종 있습니다. 가능한 한 동조하지 않는 걸 권장합니다.

넷째, 2차를 갈지 말지 여부는 자리에 따라 다를 것 같은데, 만약 본인을 환영하는 자리라면 가능한 끝까지 함께하는 게 어떨까요? 보통의 경우, 컨디션이 좋지 않거나 시간이 너무 늦었다면 일찍 귀가할 수도 있고, 컨디션이 좋다면 2차에 가 즐거운 시간을 보내도 무방합니다.

다섯째, 건배사입니다. 이 부분은 필자는 잘 모르는 영역이라 조언을 드리기 어려워, 주변에 의견을 구해봤습니다. 상사가 자주 하시는 말씀에서 힌트를 얻어서 하면 센스 있는 모습을 어필할 수 있다고 합니다(이런 건 캐릭터에 따라 살릴 수 있는 사람이 정해져 있을 것 같습니다. 제가 하면 어색할 것 같기도…). 개인적인 생각으론 건배사를 매우 빼어나게 잘하긴 어려울 것 같고, 그에 앞서 말하는 도입부에서 약간의 울림을 주며, 그것이 건배사와 위트있게 연결되면 좋지 않을까 싶습니다.

회식 후

피곤한 몸을 이끌고 회식 다음 날 출근했는데, 다들 어제 일은 잊은 건지 태연하게 일하고 있습니다. 만약 회식 후 친해진 분 혹은 친해지고 싶었는데 말씀을 못 나눈 분이 있다면, 회식 다음 날 어색함이 가시기 전에 먼저 연락드려 점심 식사 약속을 잡는 걸 추천합니다. 그리고 혹시나 실수한 게 있다면, 가능한 한 빠르고 정중하게 주변 분들에게 사과합니다.

요즘엔 MZ세대를 필두로 한 조직문화가 이슈이다 보니, 조직에서도 어떻게 하면 신입사원에게 회식에 대한 부담을 덜어주며 밍글링[7]할 수 있을지 고민하는 모습이 많이 보입니다. 저녁 회식보다는 점심 회식을 지향하는 조직도 늘어나고 있으며, 심지어는 배달 음식을 활용한 버추얼 회식까지 등장하였습니다.

특히나 요즘은 코로나19로 재택근무가 활성화되고, 식사 자리 자체도 줄어들다 보니, 함께 일하는 사이여도 예전만큼 어울리기 힘들긴 합니다. 그

---

7 밍글링(Mingling) '어울리다, 섞다'라는 뜻의 'Mingle'에서 유래된 말로, 글자 그대로 조직원들끼리 잘 융화되어 어울리는 걸 뜻합니다.

래서 리텐션8 차원에서 회식 이야기가 자꾸 나오는 것 같습니다.

여러분도 회식을 업무의 연장선이라고 생각하지 말고, 이왕 가는 거 회삿돈으로 맛있는 거 많이 먹고, 좋은 이야기 듣고 오도록 해요!

베스트 댓글

술 마실 때 왜 눈물이 나는 줄 아니? "짠" 하니까

---

8 **리텐션(Retention)** 번역하면 '유지, 보유'라는 뜻입니다. 마케팅에서는 기존 고객을, 인사에서는 내부 직원들을 이탈 없이 유지하는 것을 뜻합니다.

#7

성적표

학교 다닐 때는 그냥
시키는 대로 열심히만
하면 됐는데

지금은 제가 잘하고 있는 건지
이대로 살아도 되는 건지
잘 모르겠어요...

누구나 다 그런 시기가 있지
나도 그랬어

성적표가 안 나오는 인생은
처음 살아보는 거니까
성적표요?

학생 때, 취업 때까진
성적표가 나오고
합격 불합격이 나오지

그런데 사회에 나오면 더 이상
성적표가 안 나오니
불안해지는 거지

그런데 그게 바로
어른이 됐다는 이야기랄까..
진정한 인생이 시작됐다는
이야기랄까..
내가 나를 평가하고
내 기준으로
살아가는 것

어쩌면 인생에서 가장 중요한 걸
배우는 시기니까
교육이도 잘 배워봐
좋은 말씀
감사합니다

"소희야, 너 취업했다며~. 축하해! 일하는 건 좀 어때?"

"말도 마. 회사에서 일하는 게 이렇게 어려운 건 줄 몰랐어."

"왜? 우리 같이 인턴 할 때 너 일 잘한다고 소문났었잖아. 평가도 잘 받았었고."

"그땐 프로젝트가 이미 정해져 있었고 어떻게 하면 되는지, 뭘 보완하면 좋을지 하나씩 알려주는 매니저님도 있었잖아. 사실 난 여기도 당연히 그럴 줄 알았거든."

"그런데? 가르쳐주는 사람이 아무도 없어?"

"사수가 있긴 한데… 입사하고 일주일 정도 업무를 가르쳐주신 것 말고는 따로 일을 주신다든가 내가 하는 업무를 확인하지는 않으시더라고."

"그래도 필요할 때마다 물어볼 수는 있는 거 아니야?"

"말로는 그렇지. 그런데 내 사수가 워낙 바쁜 분이라 하나하나 물어보기가 좀 눈치가 보여. 지난주에는 사소한 건 스스로 결정하고 진행했으면 좋겠다고 하시더라고."

"와, 너무하네."

"나도 처음엔 그런 생각을 했는데 나랑 같이 들어온 신입 동기들이 다 비슷한 상황인 걸 보면 원래 이런 건가 싶기도 해. 그 와중에 또 알아서 잘하는 동기들도 있긴 하더라."

"에이, 너도 좀 더 익숙해지면 알아서 잘하게 될 거야."

"제발 그랬으면 좋겠다. 돈을 받고 일하는 거니까 뭐든 찾아서 하고는 있는데 위에서 시키는 것도 없고 봐주지도 않으니까 내가 잘하고 있는 게 맞는지 모르겠어."

소희가 혼란스럽다는 표정을 지으며 말했습니다. 그 모습을 바라보던 지은이는 덩달아 한숨을 내쉬며 말없이 소희의 어깨를 토닥여주었습니다.

입사 후 방황하는 당신에게

입사 전, 회사에 기대했던 것들이 있나요? 일단 입사만 하면 회사가 일을 가르쳐주고, 멋진 프로젝트에 참여할 기회를 주며, 나의 커리어를 성장시켜 주는 역할을 할 거라고 기대했다면 아마 여러분은 회사에서 매일 실망스러운 하루를 보내고 있을 것입니다. 회사에는 선생님처럼 내가 나아가야 할 방향을 알려주는 사람도 없고, 내가 잘하고 있는지 알려주는 성적표도 없거든요. 분기별 평가가 있다고 해도 그것은 전반적인 업무에 대한 평가일 뿐, 내가 하는 모든 일에 대한 평가가 아닙니다. 그래서 입사 후 회사가 나를 이끌어줄 것이라고 기대했던 사람들은 대부분 길을 잃고 방황하는 경우가 많죠. 글을 읽으면서 '나도 그중 하나가 아닐까' 라는 생각이 들었다면, 다음의 글을 꼭 읽어보세요.

그런데 글을 읽기에 앞서 우리가 꼭 알아두어야 할 것이 있습니다. 회사는 학교가 아니라 '나의 비즈니스 파트너'라는 사실입니다. 회사에서 여러분을 고용하는 이유는 여러분을 성장시키기 위해서가 아니라 회사를 성장시키기 위해서입니다. 이것은 회사가 여러분에게 월급을 주는 이유이기도 하죠. 따라서 회사에서의 마음가짐과 태도는, 공부해야 할 과목이 명확하게 정해져 있고 그에 따른 점수로 내가 잘하고 있는지를 알 수 있는 학교와는 완전히 달라져야 합니다.

그렇다면 회사에 다니는 우리의 마음가짐과 태도는 어떻게 바뀌어야 할까요?

첫째, 회사가 나를 성장시켜줄 거라고 기대하는 대신, 내가 회사를 성장시키기 위해 할 수 있는 일이 무엇인지 먼저 고민해야 합니다.

내가 할 수 있는 일이 무엇인지 모르겠다면, 스스로 회사와 팀의 목표를 확실하게 이해하고 있는지 되돌아볼 필요가 있습니다. 회사와 팀의 목표를 확실하게 이해한다면 개인이 어떤 역할을 해야 하는지도 알 수 있을 테니까요. 회사가 당신을 채용한 데에는 분명 이유가 있습니다.

둘째, 회사에서 하는 모든 일을 누군가에게 평가받으려고 하는 대신, 내가 하는 일에 대해 자신만의 목표와 기준을 만들어야 합니다.

자신만의 목표와 기준을 가지고 있는 사람들은 잘하고 있는지를 매번 말해주지 않아도 방향을 잃거나 불안해하지 않죠. 그것은 일을 하는 과정 속에 본인의 목표와 기준을 달성하고 개선하며 스스로를 돌아보는 시간이 포함되어 있기 때문입니다. 회사에서 내가 무엇을 하고 있는지 가장 잘 아는 건 결국 '회사가 아닌 나 자신'이라는 사실을 꼭 기억하세요.

베스트 댓글

아주 오래 전 신입이었을 때 제가 잘하고 있는 게 맞는지 불안해서 사수에게 매일 물어봤더니 사수가 했던 말이 생각나네요. "OO 씨, 저는 1학년 2반 담임이 아니라 영업 1팀 2파트 파트장입니다…."

가우스전자

비즈니스 관련 팁

#8

친절

이럴 땐 메일 보낼 때
해당 뷰어 같이 보내주면
좋지
요샌 웹뷰어가
잘돼 있어서
웬만한 형식 다 볼 수 있는데

생소한 파일이나
나이 드신 분한테 메일
보낼 때는 뷰어파일도
같이 첨부해서 보내는 게
좋지
음.. 와인 선물할 때
오프너 같이 껴주는 거
처럼요?
그렇지

응? 가우스에서
메일이 왔네

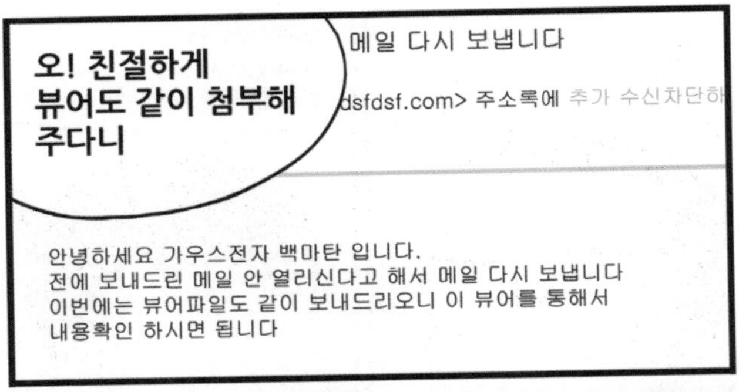

오! 친절하게
뷰어도 같이 첨부해
주다니

메일 다시 보냅니다

dsfdsf.com> 주소록에 추가 수신차단하

안녕하세요 가우스전자 백마탄 입니다.
전에 보내드린 메일 안 열리신다고 해서 메일 다시 보냅니다
이번에는 뷰어파일도 같이 보내드리오니 이 뷰어를 통해서
내용확인 하시면 됩니다

'분명 한국말인데 왜 해석이 안 되는 거지?'

'뭐야, 제목만 보면 스팸메일 같잖아.'

회사 업무는 이메일에서 시작되어서 이메일로 끝납니다. 많은 직장인이 어제도 이메일을 보냈고, 오늘도 이메일을 보내며, 내일도 이메일을 보낼 것입니다. 그런데 회사에서 이메일을 주고받다 보면 사람마다 이메일 쓰는 방식이 다르다는 것을 느낄 수 있습니다. 생각보다 많은

직장인이 업무 목적의 이메일 작성에 크게 신경 쓰지 않습니다. 그러나 분명 잘 쓴 이메일과 그렇지 않은 이메일이 있습니다. 직장생활 13년 차인 필자는 이제야 이메일 작성법을 조금 알게 되었습니다.

이메일을 보내는 이유는 나의 의도를 상대방에게 정확하게 전달하고, 내가 원하는 상대방의 반응을 끌어내는 것입니다. 그러자면 상대방이 메일의 핵심 내용을 정확히 이해하도록 읽기 쉬워야 합니다. 또 다음에 해야 할 행동 역시 명확해야 합니다. 회사에서는 항상 시간이 부족하고 바쁘기 마련입니다. 다른 사람과 신속하고 정확하게 이메일을 주고받는 사람은 '일잘러'가 될 수밖에 없습니다. 비효율을 줄여주는 것은 일 잘하는 사람의 중요한 덕목입니다.

신입사원은 잘 쓴 메일을 통해 핵심을 간추리는 능력, 문서 작성 능력, 커뮤니케이션 능력 등 일의 기본기를 드러낼 수 있습니다. 좋은 이메일의 기준은 '읽는 사람 입장에서 핵심 내용을 이해하기 쉬운지'입니다. 먼저, '핵심 내용'을 전달하기 위해서는 내가 내용을 정확히 알고 있어야 합니다. 다음으로 '쉽게 이해한다'는 내용 측면과 시각 측면으로 구분해서 볼 수 있습니다. 내용 측면에서는 불필요한 문단이나 문장을 걷어내고, 꼭 필요한 내용으로 써야 합니다. 시각적으로는 불렛, 강조 표현 등을 사용하는 방법 등이 있습니다. 조금 더 자세한 내용을 알아볼까요?

일잘러의 기본, 알잘딱깔센[9] 이메일 쓰기

첫째, 이메일 주소는 이름으로 하세요.

회사에서 입사해서 제일 먼저 하는 일이 그룹웨어나 이메일 계정 아이디를 정하는 것입니다. 고민하지 말고 이름을 쓰세요. 이름, 성, 전체 이름, 영어 이름, 약자도 다 상관없습니다. 가장 추천하는 표기법은 '이름.성' 형태입니다. 그러니까 이상식의 경우 sangsik.lee@gaus.com입니다. 개인 메일과는 다르게 회사 메일은 자신의 공적인 얼굴입니다. 그러므로 제발 'love', 'sexy' 같은 건 넣지 마세요. 상대방 메일함에 스팸으로 분류되기 쉽습니다. 친구 사이도 아니므로 생일도 피하는 게 좋습니다.

둘째, 수신인과 참조인을 잘 구분하세요.

메일의 장점은 동시에 다수에게 커뮤니케이션이 가능하다는 것입니다. 누구에게 요청하는 것인지, 누가 참고하고 있어야 하는지 알려주기 좋은 수단입니다. 공지 메일이 아닌 이상 수신인이 10명인 메일을 보내는 일은 없어야 합니다. 이런 경우 10명이 다 누군가 챙기겠지 하고 누락되기 십상입니다. 수신/참조자 구분이 안 되면 누구에게 요청하는 것인지 불분명하기 때문에 커뮤니케이션에 많은 시간이 소요됩니다. 이 메일을 읽고 무언가 해야 하는 사람이 누구인지 확실하게 지정해주세요.

---

9 **알잘딱깔센** 알아서 잘 딱 깔끔하고 센스있게를 줄인말

셋째, 제목은 간결하되, 핵심이 들어가야 합니다.

제목을 쓸 때는 핵심적인 키워드를 선정해야 합니다. 읽는 사람이 제목만으로 본문 내용을 알 수 있어야 합니다. 메일 제목이 명확하지 않으면 수신자가 이를 지나칠 수 있습니다. 대부분의 사람은 메일함에 메일을 쌓아 놓고 필요할 때 검색을 합니다. 따라서 제목에 핵심 키워드를 잘 넣어두면 향후 수신자가 필요한 메일을 바로 찾기 편합니다. 말머리를 잘 활용하는 것도 좋습니다. 내부에 보내는 메일은 [중요], [요청], [공유] 등 보내는 목적에 따라 말머리를 써주세요. 외부로 보내는 메일이라면 [가우스전자] 등 회사 이름을 넣는 것이 좋겠죠.

넷째, 요청 내용과 일정을 명확히 해주세요.

업무 요청을 하는 경우에는 '언제까지' 피드백을 받아야 하는지와 '해당 일정까지 피드백이 없을 경우' 어떻게 해야 할지도 기재해주는 것이 좋습니다. 보통 요청만 하고 일정은 기재하지 않는 경우가 많습니다. 물론 ASAP(아삽, 가능한 빨리)의 의미일 수는 있겠지만, 모든 업무가 ASAP은 아닙니다. 수신자에게는 전체 업무의 단편적인 한 부분만 요청하는 것이라고 해도 가능하면 요청하는 업무의 전반적인 일정을 알려주는 것이 좋습니다. 그래야 수신자가 전체 일정에 문제가 없도록 내가 어떻게 업무를 해야 할지 계획을 세울 수 있기 때문입니다.

다섯째, 첨부파일과 링크를 확인하세요.

실수가 가장 빈번하게 이루어지는 곳입니다. 이메일 내용 중에 참조된 첨부파일이나 링크는 이메일에 포함되어야 합니다. 명확하게 구별할 수 있도록 파일 이름을 지정하고, 이메일에서 첨부파일과 동일한 파일 이름/문서 제목을 사용하세요. 이렇게 하면 수신자가 필요한 정보를 찾기가 쉽습니다. 중요한 점은 메일을 보내기 전에 올바른 파일이 첨부되어 있는지 다시 확인해야 한다는 것입니다. 파일 첨부를 놓쳐서 메일을 다시 보내면, 상대방 입장에서 발신자에 대한 신뢰를 갖기 어렵습니다. 첨부파일이 있다면 보내기 전 반드시 확인하는 습관을 들이시기를 바랍니다.

베스트 댓글

분명 한글로 쓴 이메일인데… 왜 해석이 안 될까요?

탁 탁 탁

명수야 점심
먹으러가자
응 알았어

오늘은 뭐먹지?
일본라면
어때?
아
맞다!!
응? 왜?

나 메신저 켜놓고 왔어
친구들한테 차장님 욕
잔뜩 했는데!
어머! 빨리 가서
컴퓨터 끄고 와!

철
컥

뭐야! 자리 비울 땐
컴퓨터 끄고 나가라 그랬더니

아니 이건...

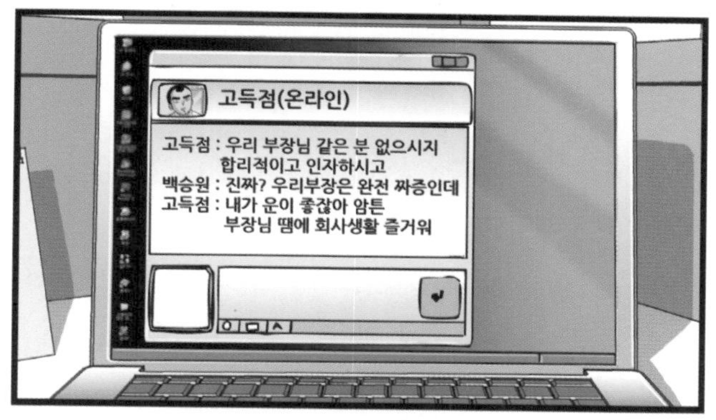

신입사원 시절, 잊지 못할 메신저 관련 실수가 있습니다. 저녁에 중요한 약속이 있었습니다. 시계를 바라보며 퇴근 시간이 오기만을 기다리고 있었죠. 그런데 그날따라 상사였던 과장님이 야근을 하고 있었습니다. 퇴근 시간이 지나 7시, 8시 시간이 하염없이 흘러갔습니다. 도무지 퇴근할 기미가 없는 과장님 눈치만 보면서 입사 동기인 팀 동료와 사내 메신저에서 얘기를 하기 시작했습니다.

'너, 약속 있다고 하지 않았어?

'어, 이 과장이 안 가잖아….'

'ㅋㅋㅋ, 저 인간 왜 안 가냐?'

'그러게, 저 인간 왜 안 가는 거야….'

답답한 마음에 잠깐 화장실에 다녀왔습니다. 과장님은 여전히 미동도 없이 컴퓨터 앞에 앉아 있었습니다. 다시 메신저를 보냈습니다.

'아, 저 인간 왜 안 가는 거냐, 도대체?'

갑자기 모니터를 보던 과장님의 얼굴이 빨갛게 변하기 시작했습니다. 그러더니 자리를 박차고 일어나 가방을 챙기기 시작했습니다. 그리고 저를 한번 쳐다보고 큰 소리로 말하며 사무실을 나갔습니다.

"야, 저 인간 지금 간다, 가!"

상황이 잘못된 걸 알기까지는 그리 오랜 시간이 걸리지 않았습니다. 동료에게 보내려던 상사 험담을 당사자에게 보내다니…. 입사 이후 최악의 실수를 저지르고 말았습니다. 머릿속이 새하얗게 변하고, 등에서는 땀이 흘렀습니다.

'나 그냥 퇴사할까. 그게 가장 좋은 방법 아닐까….'

다음 날 과장님께 잘못을 인정하고 '죄송하다'고 거듭 사과했지만, 한동안 사무실에서 너무나 곤혹스러웠습니다.

사내 메신저, 실수하지 마세요

최근 회사에서는 메신저를 이메일처럼 주요 의사소통 수단으로 사용합니다. 카카오톡처럼 메신저는 누구에게나 익숙한 커뮤니케이션 채널입니다. 그러나 회사 메신저를 친구와 시시콜콜한 얘기를 나누는 카카오톡처럼 생각해서는 곤란합니다. 회사나 구성원의 험담을 공유하는 실수는 큰 문제로 번질 수도 있습니다. 메신저는 내가 저지른 실수가 글로 남아 '박제'되어버릴 수 있습니다. 문제는 일과 중에 이 사람 저 사람과 정신없이 대화하다 보면 실수하기 쉽다는 것입니다. 회사에서 메신저를 공식적으로 사용한다면, 공적인 채널로 이해하고 사용해야 합니다. 회사 메신저를 현명하게 사용하는 방법을 알아보겠습니다.

첫째, 대화 상대를 꼭 확인하세요.

엉뚱한 대화 상대를 선택해서 업무 내용을 전달하는 것은 메신저에서 가장 자주 하는 실수입니다. 동명이인이 아닌지도 꼭 확인해야 합니다. 만약 전달하려는 자료나 문서가 보안이 필요한 내용이라면 큰 문제가 될 수 있습니다.

둘째, 인터넷 용어나 줄임말 사용을 피하세요.

회사 메신저는 친구들과 하는 카카오톡이 아닙니다. 친목 도모나 가벼운 이야기를 하기 위한 사적인 공간이 아닌 공적인 공간입니다. 명확한 업무 내용을 전달하기 위해서는 올바른 단어를 사용하는 것이 좋습니다. 지나친 줄임말이나 인터넷 용어는 정확한 업무 내용을 전달하는 데 방해가 될 뿐만 아니라 지나치게 가벼운 이미지를 줄 수 있습니다.

셋째, 본론부터 간결하게 말하세요.

메신저는 효율적으로 커뮤니케이션을 하기 위한 도구입니다. 불필요한 커뮤니케이션이 많아지게 되면 오히려 효율성을 해칩니다. 메시지를 작성할 때는 먼저 간단한 내용으로 작성하세요. 빠른 소통을 위해서 아름다운 미사여구, 형식적인 인사나 답이 뻔한 질문은 생략하고 본론부터 이야기합니다.

넷째, 업무시간에 사용하세요.

회사 메신저는 업무시간에 사용해야 합니다. 퇴근 이후나 주말에 보내는 업무 메시지를 반가워할 사람은 거의 없습니다. 업무시간 외 메신저 사용을 금지하는 법률에 대한 논의가 있을 만큼 사회적 이슈이기도 합니다. 만약 긴급한 상황으로 부득이한 경우라면 꼭 양해를 구하고 간단하게 연락하는 편이 좋습니다.

베스트 댓글

메신저로 상사 욕을 한 게 들켜버리면 사실 수습이 안 됩니다. 최고의 수습은 예방이에요.

아니 얼마 전에 조커버거를
만났는데 속사포처럼
막 쏘아대는데 하나도
못 알아 먹겠더라고

빠꾸기
회사
영어
회사영어 하나도
어렵지 않아요~

자 아까 말한 상황이라면
상식 씨는 어떻게 말할 거죠?
예?

음...피... 피니시 디스 워크,
앤 샌드 잇 투 세...
세일즈 디파트먼트...
오우! 그게 아니죠
이런 시추에이션에서는

10대들이 사용하는 말을 일컫는 신조어인 '급식체'에 대응하여 직장인이 쓰는 말인 '급여체'라는 신조어가 등장하였습니다. 인터넷 밈이다 보니 그것이 뜻하는 경계가 뚜렷하기보다는 폭넓게 다양한 의미로 쓰이는데요. 크게 첫째, 직장인들이 자주 사용하는 표현과 둘째, 회사에서만 통용되는 단어 두 가지 의미로 쓰이는 걸로 관찰됩니다. 이 중 회사에서만 통용되는 단어를 집중적으로 다루고자 합니다.

저는 외국계 기업에서 커리어를 시작했고, 소위 대기업이라 불리는 곳에서 근무하다 현재는 스타트업에 재직 중입니다. 근무지를 옮길 때마다 기업 형태별로 자주 쓰는 용어가 있다는 인상을 받곤 했는데요. 제가 다녔던 회사를 기준으로 이를 정리해보겠습니다.

직장인도 그들만의 언어가 있다

첫 번째로 외국계 기업입니다. 당시 저는 실제로 영어로 직접 대화할 일은 없었지만, 업무 중 시스템 등을 통해서 영어를 종종 접하곤 했습니다. 그러다 보니 의도하진 않았지만, 팀원들과 한국어로 대화하는데도 영어 단어를 섞어 쓰게 되더라고요.

외국계 기업마다 영어를 활용하는 정도의 차이는 있을 것으로 보이는데, 지인이 다니는 외국계 기업은 한국식 직급, 직책 등을 영문 이니셜로 칭한다는 걸 듣고 웃었던 기억이 있네요(예시: SJN(사장님), BJ(부장), CJ(차장) 등등)

다음은 제가 다녔던 회사 외에도 실제 기업에서 많이 활용되는 영어 '급여체'와 그에 대한 설명입니다.

- **Aglin** 사전적으로 '맞추다, 일직선으로 하다'라는 의미입니다. 회사에선 좁게는 일의 방향성을 맞추는 것, 넓게는 조직 문화적으로 같은 목표를 공유하는 것을 일컬을 때 쓰입니다.

  ⇨ 적용 예시 : "말씀해주신 부분은 전사적 얼라인이 필요해 보이네요."
- **Arrange** 사전상 정의는 '정리하다, 조정하다, 마련하다'이나, 회사에선 일정 조율할 때

많이 쓰입니다.

⇨ 적용 예시 : "A님과 미팅 어레인지해주세요."

- **ASAP(As Soon As Possible)** 가능한 한 빨리

⇨ 적용 예시 : "대리님, 해당 건 언제까지 해야 할까요?" "당연히 아삽이지요."

- **Involve** 사전상 의미와 동일하게 관련된, 포함된 것을 의미합니다.

⇨ 적용 예시 : "B님, ○○프로젝트에 인볼브되어 있나요?"

- **CC(Carbon Copy, 참조), BCC(Blind Carbon Copy, 숨은 참조)** 메일 발송 시 사용되는데요. CC는 메일 내용을 실행해야 할 수신인은 아니나, 업무적으로 이를 알고 있어야 하는 사람들을 기재합니다. 보통 직급이 높은 순으로 나열합니다. BCC는 CC와 유사하나, 단어 그대로 메일 체인에 걸린 인원에게 숨겨져 나갑니다. 주로 많은 인원에게 동일한 내용의 메일을 한꺼번에 보낼 때 사용합니다.
- **EOM(End of Message 또는 End of Month)** 문서의 마지막에 적는 말입니다. 재무회계 분야에선 '월말'이란 뜻으로 다르게 쓰인다고도 합니다.
- **Follow up(F/U)** 이후 진행 상황을 지속 확인한다는 뜻입니다.
- **FYI(For Your Information)** 말 그대로 이 정보를 알 필요가 있는 사람에게 하는 말입니다. 주로 메일 포워딩(전달)할 때 본문에 FYI라고 쓰고 넘깁니다.
- **Kick Off** 본격적인 업무를 시작하기 전에, 이에 대한 방향성을 점검하는 첫 자리라고 생각하면 됩니다.
- **KPI(Key Performance Indicator)** 단어 그대로 핵심성과지표란 뜻입니다. 조직의 목표를 달성하기 위해 관리하는 지표라고 이해하면 되겠습니다.
- **R&R(Role & Responsibility)** 업무 역할, 범위 및 책임을 의미합니다.
- **TBU(To Be Updated) / TBD(To Be Determined)** TBU는 단어 그대로 업데이트 예정이란 뜻이며, TBD는 곧 결정을 내릴 예정이란 뜻입니다.

대기업에 다닐 때는 보고서에 한자가 많아 놀랐습니다. 초등학교 이후로

한자는 처음 써봐서 낯설기도 하고, 솔직히 당시엔 다소 올드하다는 느낌도 들었습니다. 그렇지만 돌이켜보면 꼭 안 좋기만 한 건 아니었습니다. 한글 중간에 한자를 사용함으로써 눈에 띄는 강조점을 끊어줄 수 있고, 잘 쓰면 한글로 쓰는 것보다 훨씬 압축적으로 표현할 수 있기 때문입니다. 처음 보고서를 쓸 땐 어떤 단어까지 한자로 변환해 적어야 할지 고민했는데요. 앞서 말한 한자 사용의 장점을 고려하면 이에 대한 답을 얻을 수 있습니다.

그 외에도 분명 한국어긴 한데 어딘가 낯선 단어들이 있었는데요. 주로 다음과 같은 단어들이었습니다(사실 다음 용어들은 현재 재직 중인 스타트업에서도 간혹 쓰이고 있고, 기업 형태에 관계없이 한국 기업에서 통용되는 말이긴 합니다).

- **품의(稟議: 여쭐 품, 의논할 의)** 보통 품의서와 같은 맥락으로 쓰이며, 회사에 어떠한 일을 진행하기 위한 검토를 요청하는 데 쓰이는 문서를 뜻합니다.
- **결재(決裁: 결단할 결, 마를 재)** '승인'과 사실상 동의어라 봐도 무방합니다.
- **공람(覽覽: 이바지할 공, 볼 람)** 품의 등을 여러 사람이 볼 수 있게 한다는 뜻입니다.
- **기안(起案: 일어날 기, 책상 안)** 본래는 '사업 등의 초안을 만들다'는 뜻이나 관행적으로는 품의 등을 올리다, 즉 작성한다는 의미로 사용됩니다. 참고로, 품의를 올리는 사람을 '기안자'라고 합니다.
- **전표(傳票: 전할 전, 표 표)** 회계 용어로, 거래 정보 등이 기록된 내용을 뜻합니다.
- **상신(上申: 위 상, 거듭 신)** '기안을 올리다'와 동일한 의미입니다.
- **재가(裁可: 마를 재, 옳을 가)** 승인을 요할 때 쓰는 말입니다.

마지막으로 스타트업입니다. 스타트업은 영어 단어를 자주 쓴다는 점에서 외국계 기업과 유사한 면이 있습니다. 추가로 그들의 세계에서 쓰이는 특이

한 은어들이 있는데요. IT 업계에서 퍼진 것들이 대다수여서, 이를 IT 회사들이 모여 있는 '판교 사투리'라고 칭하기도 합니다. 판교 사투리에 대해선 다음 표에 상세하게 소개되어 있으므로 이를 참고하시면 되겠습니다.

판교어 사전

린하게 하자	두루뭉술한 업무를 목표에 맞춰 잘게 쪼개 빠르게 진행하자. (쓸데없는 낭비를 최소화하자는 '린 제조(Lean Production)' 방식에서 파생)
MVP	최소 기능 제품. 기존의 시제품하고는 다르게 아이디어만 반영한 미완성 제품이지만 사용자에게 그 가치를 증명할 수 있는 것
비즈니스 피봇	기존에 시작한 사업이 여러 이유로 난관에 부딪혀 진행이 어려울 때 타깃 소비자 또는 서비스 방식 등을 바꾸는 것
그 사람 정말 펀딩감이다	그 사람은 불특정 다수에게도 어필할 만한 재주나 아이디어를 갖고 있는 사람이구나.
A/B Test	시장 반응을 살펴보기 위해 A그룹과 B그룹으로 나누어 제품이나 서비스 테스트를 진행하고 최적의 안을 찾는 경영 방식

10대들이 신조어를 사용하며 유대감을 강화하는 것처럼, 직장인들이 쓰는 언어도 어쩌면 그들이 좋아하고 친숙한 표현으로 소통하며 다양성을 높이는 게 아닐까 싶네요. 사실 이 모든 건 일하면서 배워도 늦지 않지만 알잘딱깔센(알아서 잘 딱 깔끔하고 센스 있게)한 신입사원이 되고 싶다면 미리 숙지해놓는 것도 좋을 듯합니다.

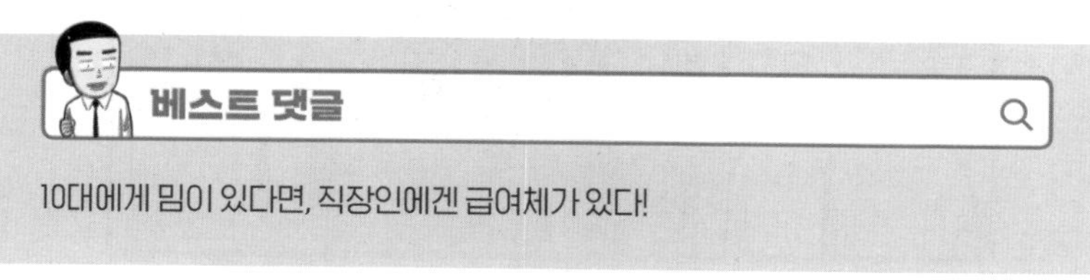

#11

거절 방법

우리 과장님이
자기 처제 소개해준다는데
어떻게 거절해야 될지
고민이에요
왜 맘에 안 들어?

맘에 들고 안 들고가
문제가 아니잖아요
잘돼도 곤란 잘 안 돼도
곤란한 일이잖아요
하긴 상사 처제면
애매하긴 하지

얼마 전에 본 기사에 거절 방법이
몇 가지 나와 있더라고

칭찬을 곁들이래
칭찬이요?

좋은 제안 주셔서
정말 감사합니다
저에겐 과분한 제안이네요
이렇게 시작하는 거지

칭찬을 앞뒤로 바르면
거절에 대한 거부감도
희석된다는 거야

거절도
기술이라고
그럼 설득력 있는
칭찬의 말부터 고민해봐야겠네요

"어? 봉현 씨! 안 그래도 한번 부르려고 했는데 엘리베이터에서 딱 만나네. 짐 놓고 내 자리로 와봐요."

"아, 팀장님 안녕하세요. 네… 알겠습니다(왠지 모를 불안한 기분)."

뜬금없는 부탁을 잘 하시기로 유명한 팀장님. 어떤 말씀을 하시려나 불안한 마음을 안고 총무팀으로 내려갔습니다.

"봉현 씨, 채용 일 어때. 할 만해? 요즘 채용시장이 좀 어떤가 모르겠네. 아니, 사실 우리 아들이 미국에서 대학 졸업하고 지난달에 한국에 들어왔거든. 이제 취직 준비를 해야 되는데 얘가 그동안 공부만 해서 이력서며 포트폴리오며 어떻게 써야 할지 모르더라고. 봉현 씨가 채용 전문가로 입사를 했으니까, 컨설팅한다고 생각하고 우리 아들 이력서 좀 봐주면 좋겠는데. 이 정도는 충분히 가능하지? 저번에 보니까 대학교 가서 채용 상담도 하고 그러더만."

"(올 것이 왔다.) 아… 네."

"봉현 씨 메일로 이력서 바로 보내라고 할게. 내가 조만간 맛있는 밥 살게, 걱정하지 말고! 아, 그리고 이번 창립기념행사는 총무랑 인사 연합으로 준비하잖아. 작년에 우리 총무팀에서 준비했던 스케일이 워낙 커서 올해도 직원들 기대가 상당할 거란 말이지. 작년을 뛰어넘긴 힘들겠지만 올해도 어떤 연예인을 섭외할지 생각해보라고~."

"작년에는 사내 MC로 세울 만한 사람이 총무팀에 없었고 준비된 프로그램도 없어서 돈으로 때우셨다고 들었는데요~. 그 때문에 올해는 예산 부족으로 연예인 섭외는 힘들 것 같습니다. 그리고 외부인이 행사의 메인이 되면 직원들 기억에도 오래 남지 않을 거고요. 그래서 제가 대표 MZ세대로서 요즘 핫한 레크리에이션 프로그램 몇 가지 생각해두었습니다!"

왠지 모르게 총무팀장님의 표정이 싸늘하게 굳어가던 찰나, 어디선가 사수가 등장했습니다.

"팀장님! 작년 창립기념행사 정말 대박이었죠. 역대급이었잖아요. 직원들 반응은 정말 최고였는데 올해는 예산이 좀 빡빡하더라고요.

그래서 아쉽지만, 올해 연예인 섭외는 어려울 것 같고 내부에서 최대한 준비해보려고 합니다. 이번에 저희 팀 봉현 씨 입사하고 처음 진행하는 행사라서 MZ세대 타깃으로 조금 새로운 방향으로 준비해볼까 합니다."

조금은 밝아진 총무팀장님의 얼굴.

"그… 그렇지. 이 과장이 작년에 행사를 봤으니 정확히 알겠구먼. 반응은 아주 좋았는데 말이야. 올해 예산이 줄었다니 준비가 쉽진 않겠네. 아무튼 잘해보자고."

"아, 팀장님. 그리고 아드님 귀국하지 않았어요? 들어오면 IT 업계로 취업 준비한다고 저번에 말씀하셨던 것 같은데, 아마 저희 같은 일반 직군하고 IT직군은 준비 방향이 많이 다를 거예요. 우선 기본적인 이력서 작성 팁 관련 자료는 메일로 보내드릴게요. 또 그리고 제가 지난번에 채용 관련 세미나 갔을 때 IT 업계 채용팀장님이 공유해주셨던 발표 자료 있거든요. IT 업계 채용 트렌드와 필수 자격증 리스트도 포함되어 있었는데, 그 자료도 함께 공유드릴게요!"

"아, 그래? 역시 이 과장이야. 큰 도움이 되겠어! 아주 고마워."

피하고 싶지만 피할 수 없는 거절 상황

거절, '상대편의 요구, 제안, 선물, 부탁 따위를 받아들이지 않고 물리침'이라는 사전적 정의를 가지고 있습니다. '물리침'이라는 단어가 굉장히 무시무시하게 다가오는 듯한데요. 신입사원들은 누군가의 요구나 부탁, 특히나 그 누군가가 상사라면 거절하는 것을 꽤 많이 어려워합니다. 아마도 거절을 '잘'하는 방법을 모르거나, 거절로 인한 관계의 틀어짐이 걱정되기 때문이겠지요. 그럼에도 한정된 시간 내 나의 본연의 업무에 집중하고 장기적으로 건강한 조직을 만들기 위해서 올바른 '거절'은 꼭 필요합니다.

거절이 필요한 순간은 매우 다양하겠지만, 에피소드에서 알 수 있듯 직장생활에서 가장 흔히 마주할 수 있는 두 가지 거절 상황에 대한 유연한 대처 방법을 알아보도록 하겠습니다.

첫째, 실제로 나와 전혀 상관없는 일이지만 나의 업무 영역인 듯 가장한 부탁 거절하기

에피소드로 돌아가 보겠습니다. 우리 회사 지원자가 아닌 다른 업계, 다른 사람의 이력서를 컨설팅하는 것이 채용담당자의 업무인가요? 전혀 아니죠. 물론 나의 전문성을 활용해 '도움'을 줄 수는 있지만, 이 부탁이 현재 내 업무의 우선순위가 되어서는 안 됩니다. 나의 업무 스케줄상 진행이 어려운 무리한 부탁이라면 분명한 거절이 필요합니다.

거절할 때는 거절의 이유와 현재 상황을 솔직하게 이야기하는 것이 좋습니다. 다만, 거절하기 전에 상대의 입장과 사정을 충분히 듣고 판단하는 것이 좋겠죠. 상대의 이야기를 모두 들은 후 내가 할 수 있는, 해야 하는 일이 아니라는 결론이 명확하게 났다면 분명하게 거절 의사를 전하도록 합시다. 지나치게 단호한 태도로 단칼에 '저 못합니다!'를 외치라는 뜻은 아닙니다. 거절 의사는 분명히 하되, 상대방 또한 거절을 공감할 수 있도록 충분히 자신의 입장을 설명하세요. 이 에피소드의 사수, 이 과장처럼 상대에게 부탁의 대상과 방향이 틀렸음을 인지시키면서도 어느 정도 상대의 요구를 충족할 만한 대안을 가지고 있다면 가장 좋겠죠.

둘째, 동의하지 않는 의견, 아이디어, 제안에 대해 거절하기

납득할 수 없는 제안이거나 더 좋은 아이디어가 있음에도 상사의 의견이기 때문에 그냥 받아들인다면, 이는 장기적으로 더욱 발전적인 조직을 위한 결정이 아닐 것입니다. 에피소드의 봉현 씨는 올해 창립행사 때 연예인 섭외를 고려해보라는 총무팀장님의 의견을 따를 수 없음을 설명했습니다. 그런데 팀장님의 얼굴이 왜 싸늘하게 굳어갔을까요?

상대의 성향과 정확한 상황 및 맥락 파악이 되지 않았기 때문인데요. 갑자기 구세주처럼 등장한 이 과장이 조금 과하게 당시 상황에 대한 공감과 인정의 리액션을 보내죠. 더욱 악화될 수 있을 법한 상황을 잘 넘기기 위한 것일 수도 있고, 실제 직원들의 반응이 정말 좋았을 수도 있습니다. 중요한 것은 올해는 연예인 섭외가 불가능함을 알리는 것이니 어쨌든 이 과장은 상대의 의견에 반하는 자신의 의도를 잘 전하면서도 상황을 어렵지 않게 풀어냈습니다.

커뮤니케이션 스킬에 대한 이야기가 될 수도 있겠는데요. 솔직한 의견 제시가 잘못된 것은 아니지만, 새로운 조직에 갓 합류한 신입사원의 경우 일정 기간까지는 '이방인'으로 분류될 수 있습니다. 우리 조직에 대해 제대로 알지 못한다고 생각하는 '이방인'이 조직에 대한 비판적인 이야기를 거침없이 한다면 상대는 불편한 감정을 느끼기 쉽습니다. 따라서 거절 상황에서는 우선 상대의 의견이나 제안의 긍정적 측면에 대해 먼저 인정하고 공감하는 모습을 보이는 것이 좋습니다. 동시에 우려가 되는 부분과 이를 보완할 수 있는 새로운 대안을 제시하면서 거절한다면 상대 역시 충분히 납득할 만한 거절로 받아들일 것입니다.

베스트 댓글

팀장님, 제 연애는 제가 알아서 할게요. 제발!

#12

업무 협조

이거 홍보부에
업무 협조 요청해야 되는데
홍보부에서 귀찮아할 거 같은데
그래요?

저한테 주세요 제가 나래한테
부탁할게요
오~ 그래 주겠어?

이거 윗선에서 창원 공장으로
전화 한 통만 넣어주시면 일이 부드럽게
해결될 텐데
그러게요

제가 최 이사님한테
부탁해볼게요
오 그래주면
고맙지~

마케팅 3부엔 사내 커플들이 많아서
업무 협조 요청하기가 편하네
그러게요

흠... 그러고 보니 이번 일은
강미 씨가 요청해주면 좋은데..
무슨 일인데요?

• 미탄이는 가우스전자의 경쟁사 파워그룹의 후계자이나, 스스로의 힘으로 성장해 꿈을 이루고자 가우스전자에 입사했다.

대외 홍보실로 브랜드 대상 포상 신청 공문이 들어왔습니다. 정부에서 주관하는 이번 포상은 규모도 크고 인지도가 있는 상으로 공적서를 철저하게 준비해서 도전해볼 만한 상이었죠. 수상한다면 우리 팀은 물론, 우리 회사와 브랜드 인지도를 높이는 데 큰 도움이 될 것 같았습니다.

그런데 공적서의 심사 항목을 보니 조금 어려웠습니다. 홍보실 자체적으로는 해결이 안 될 것 같고, 타 부서의 협조가 꼭 필요한 상황이었습니다. 대다수의 심사 항목에 '브랜드 경영'이라는 키워드가 포함되어 있는 걸 보니 경영기획팀에 요청하면 될 것 같았습니다. 공적서 제출까지는 4주나 남아 있었고, 넉넉하게 2주 후까지 회신을 요청했습니다.

2주 뒤, 경영기획팀으로부터 날아온 메일 한 통.

"해당 건은 브랜드 체계 및 전략에 대한 내용이 대부분인 것으로 판단됩니다. 경영기획팀에서 답변드릴 수 있는 내용은 많지 않으니 브랜드실과 협의 바랍니다."

'아니, 이 답변을 왜 지금? 2주나 지나서 다른 팀에 요청하라고?'

어처구니가 없었지만, 경영기획팀은 요청받은 기한인 2주 내에 그들이 줄 수 있는 답변을 준 것이니 뭐라고 딱히 할 말이 없었습니다. 부랴부랴 브랜드실에 다시 협조 메일을 보냈고, 제출까지 2주밖에 남지 않았으니 1주 내에 회신을 부탁했습니다.

1주 뒤, 브랜드실로부터 회신이 왔다.

"브랜드실에서 작성 가능한 내용 회신 드립니다. 다만, 세부사항 내 브랜드 보호 실태와 관련해서는 법무팀, 인력 구성과 관련된 부분은 인사팀, 시장성과 성과 관련 부분은 마케팅팀의 협조가 필요할 듯 보입니다."

제출일은 일주일 앞으로 다가왔는데, 브랜드실에서 작성한 내용은 공적서 분량의 3분의 1도 채우지 못할 최소한의 자료였고, 세부 심사 항목까지 준비하기 위해서는 3개 팀에 추가로 협조 요청을 해야 하는 상황이 되었습니다. '경영기획팀도 그렇고, 브랜드실도 그렇고 왜들 이렇게 협조를 안 해주는 거야. 정부 포상이 걸린 일인데 이렇게나 비협조적이라고? 이건 진짜 부서 이기주의 아니야?'라는 생각에 짜증이 났습니다.

다시 법무팀과 인사팀, 마케팅팀에 협조 메일을 보냈습니다. 기한은 3일, 제출일이 얼마 남지 않아 어쩔 수 없었습니다. 메일을 발송하고 얼마 되지 않아 울리는 전화벨, 마케팅 팀장이었다.

"김 대리, 장난해? 3개년 마케팅 실적 자료를 내일모레까지 달라니. 저 공문 발송일 보니까 거의 한 달 전이더만 이걸 왜 이제 와서 요청하는 거야? 우리가 한가해 보여?"

짜증이 나 있던 터라, 지지 않고 받아쳤습니다.

"아니, 팀장님. 이거 정부 포상 건이고 중요한 일인데 도와주실 수 있잖아요. 분기 회의 때마다 실적 분석자료 제출하시면서 조금만 가공해서 주시면 되는 거 아니에요? 기한은 그럴만한 사정이…."

내 말이 끝나기도 전에 다시 버럭!

"사정은 무슨 사정! 그건 홍보실 사정이고! 내일모레까지 어려우니까 그렇게 알아요."

센스 있고, 당당하게 협조를 요청하는 법

여러분, 이 에피소드에서는 과연 누가 잘못한 걸까요? 판단이 되시나요? 웬만하면 내가 다 처리해버리고 싶지만, 직장생활에서 아주 빈번하게 해야만 하는 부서 간 업무 협조 요청. 신입사원들은 협조 요청을 특히나 어려워하는 것 같습니다. '협조 요청을 잘못했다가 여러 부서에서 안 좋은 소리를 듣지는 않을까' 하는 막연한 두려움도 있는 것 같고요. '굽신거리며 저자세로 도움을 구하고 다니는 것이 협조 요청인가?'라고 생각하는 분들도 있을 것 같습니다.

그렇다면 올바른 협조 요청은 어떻게 해야 하고, 협조 요청에는 어떤 스킬이 필요할까요? 협조 요청을 할 때는 내가 필요한 바를 잘 전달하면서도 상대 부서의 협업을 유연하게 끌어내야 합니다. 이 에피소드 김 대리의 상황에 빗대어 하나씩 설명해보도록 하겠습니다.

첫째, 협조가 필요한 내용과 부서를 정확히 파악합니다.

김 대리의 경우, 가장 먼저 잘못된 부서로 업무 요청을 하여 준비기간의 절반을 낭비하게 되었습니다. 협조 요청을 받은 부서가 '우리는 담당 부서가 아니다'라는 회신을 2주 뒤에 보낸, 다소 극단적인 상황으로 볼 수도 있겠지만 이는 담당자가 회신을 잊을 수도, 긴급한 업무에 밀릴 수도 있는 충분히 발생 가능한 일입니다.

애초에 '경영'이라는 단어에 매몰되기보다 공적서 심사 항목의 세부사항까지 꼼꼼하게 체크한 후 협조가 필요한 내용과 부서를 명확히 확인했다면 준비 기간이 무의미하게 흘러가지는 않았겠죠.

둘째, 협조의 목적과 요청하는 바를 구체적으로 전달합니다.

김 대리가 두 번째 요청한 브랜드실로부터는 필요 분량의 3분의 1도 채우지 못한 최소한의 자료가 돌아왔습니다. 김 대리는 이것을 부서 이기주의라고 표현했지만, 브랜드실은 나름 최선의 자료를 전달한 것일 수 있습니다. 이런 생각의 차이는 왜 생기는 걸까요?

해당 업무의 주관부서와 협조 요청을 받은 부서는 관심도나 적극성, 간절함과 책임감 등 업무를 대하는 태도가 결코 같을 수 없습니다. 저마다 현재 부서의 업무만으로도 굉장히 바쁜 상태일 테니까요. 도움을 요청한 부서로부터 최선의 업무 협조를 받기 위해서는 우선 협조의 목적과 사안의 경중 등 충분한 배경 설명으로 협조에 대한 공감을 얻는 것이 필요합니다. 공감을 얻었다면, 필요한 자료나 자원에 대해 최대한 구체적으로 요청하세요. 관련 자료나 기대하는 수준에 대한 예시를 준다면 더욱 좋고요.

셋째, 업무 협조에 필요한 최소한의 시간을 보장해주세요.

마케팅팀 팀장님이 버럭한 포인트가 뭐였죠? 요청한 자료 대비 준비할 수 있는 시간이 매우 짧다는 것이었습니다. 나의 필요에 의해 협조를 요청하는 것이지만 상대에 대한 최소한의 배려는 필요합니다. 하루 전에 요청하면, 하루 만에 안 됩니다. 상대가 준비할 수 있는 최소한의 시간을 보장해주세요. 불가피한 사정으로 긴급하게 협조가 필요한 경우 '협조의 목적과 요청하는 바를 구체적으로 전달하는 것'에 더욱 공을 들여야 합니다. 긴급한 협조 요청은 메일보다는 오해의 소지를 최소화할 수 있는 대면 미팅을 통하는 것이 좋겠습니다.

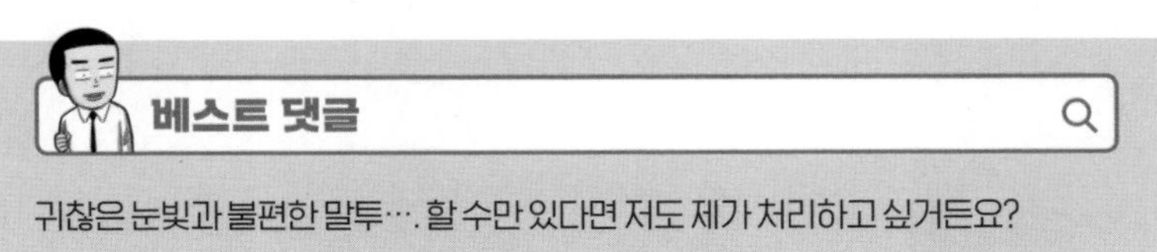

와 박 과장님 오늘 따라
피부가 되게 좋아 보이세요~

부장님 넥타이
센스 대박!
그래?

무슨 바람이 불어서
만나는 사람마다
칭찬하고 그래요?
아 그거...

사람 마음을 움직이는
가장 쉬운 방법이 칭찬인 거
몰라?

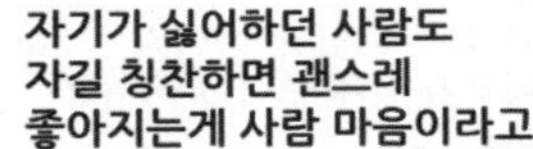
자기가 싫어하던 사람도
자길 칭찬하면 괜스레
좋아지는게 사람 마음이라고

아...

나도 이제 회사생활
유연하게 하려고
칭찬에 뭐 돈이 드는 것도
아니고
그거 잘 생각했네

근데 직접적인 칭찬보단
다른 사람을 통해서
들어가는 칭찬이 더
효과적이라던데

그거야 그렇지
그런데 그럴 방법이 있나
따로 부탁할 수도 없고

"준영 님, 여기에요."

회의실에 미리 자리를 잡고 있던 김 대리가 빈 회의실을 찾아 두리번거리고 있는 준영에게 손짓했습니다.

"벌써 와 계셨네요. 늦어서 죄송해요, 대리님."

"아니에요, 저도 방금 왔어요. 요즘 일하는 건 좀 어때요?"

"음… 사실 생각보다 힘들어요. 특히 요즘은 다른 팀과 협업할 일이 많은데, 다들 바빠서 다른 팀과 하는 업무는 우선순위가 아닌 경우가 많더라고요. 그러다 보니 기한 맞추기도 어렵고요."

"제가 예전에 했던 고민이랑 똑같네요. 저도 신입 때 제일 어려운 게 협업이었어요. 혼자 성과를 낼 수 있는 일은 나만 잘하면 되는데, 다 같이 해야 하는 일은 그게 아니니까요. 혹시 준영 님은 협업을 할 때 어떤 식으로 커뮤니케이션하세요?"

"저는 먼저 협업이 필요한 분들에게 프로젝트를 설명해드리고, 구체적인 업무 요청을 하면서 마감 기한을 협의하는 순서로 커뮤니케이션해요. 그런데 이렇게 해도 우선순위에서 밀리는 경우가 많아서 기한이 잘 지켜지지는 않더라고요."

"그럼, 프로젝트를 설명할 때 다른 사람이 아니라 그 사람과 협업해야 하는 이유도 같이 설명하시나요?"

"아뇨. 그냥 그 업무를 하시는 분이니까 당연히 아신다고 생각해서…."

준영이 말끝을 흐리자 김 대리가 고개를 살짝 끄덕이며 말을 이어 나갔습니다.

"협업할 때 가장 중요한 건 상대방이 그 일을 하고 싶게 만드는 거예요. 그러기 위해서는 협업을 요청한 이유를 명확하게 전달해야 하죠. 누구든 할 수 있는 일인데 나한테 요청이 들어왔다고 생각하게 되면 당연히 우선순위에서 밀릴 수밖에 없으니까요."

"무슨 얘기인지 알 것 같아요. 하지만 상대방이 어떤 일을 하고 싶도록 만드는 게 가능할까요?"

"가능하죠. 그리고 저는 그중에 가장 간단하면서 효과적인 방법이 '칭찬'이라고 생각해요."

"칭찬이요? 저는 이제 막 수습기간이 지난 신입인데… 누굴 칭찬할 만한 자격이 될까요?"

"아, 여기서 제가 말하는 칭찬은 단순히 '잘한다'고 말하는 식의 칭찬은 아니에요. 어떻게 보면 협업하는 상대방을 동기부여 하기 위한 수단에 가까운데요. 예를 들면, 상대방의 강점을 칭찬하면서 그 사람이 꼭 필요한 이유를 설명하고, 그것이 우리의 프로젝트와 회사에 얼마나 큰 가치를 가져다줄 수 있는지를 이야기하는 거예요."

"방금 제가 그 상대방이면 어떨까 생각해봤는데요. 확실히 대리님이 말씀하신 커뮤니케이션 방식을 사용하는 사람과 더 일하고 싶어질 것 같아요. 안 그래도 다음 주에 새로 시작하는 프로젝트에 여러 팀의 협업이 필요해서 고민하던 중이었는데, 말씀해주신 방법으로 협업을 요청해볼게요. 조언 감사합니다, 대리님!"

협업이 어렵다고요?

직장에서 하는 일의 대부분은 다양한 부서의 협업을 통해 이루어집니다. 특히 더 큰 성과를 내기 위해서는 혼자만의 노력으로는 부족할 때가 많죠. 그러나 모두가 바쁜 상황에서 우리 팀 동료 혹은 타 부서에 협업을 요청하는 것은 결코 쉬운 일이 아닙니다. 협업자들이 적극적으로 참여하지 않는다면 마감 기한을 놓치는 경우도 빈번하게 일어나죠.

그래서 이번에는 협업을 좀 더 쉽게 만드는 방법 중 하나인 '칭찬'에 대해 이야기해보려고 합니다. 이때 우리가 알아야 할 것은, 직장에서의 칭찬은 일상 속에서 일반적으로 주고받는 칭찬과는 다르다는 점입니다. 협업을 이끌어내기 위한 칭찬은 단순히 상대방이 잘한 부분을 언급하거나 상대방의 기분을 좋게 만들기 위해서 하는 것이 아니라 일을 더 열심히, 잘 할 수 있도록 동기를 부여하는 수단이 되어야 하죠.

그럼 지금부터 동료의 협업을 이끌어내는 칭찬법을 3단계로 나누어 알려드릴게요.

1단계: 협업 전

협업이 필요한 부분과 협업하는 동료의 강점을 연결시켜 칭찬합니다. 협업하는 상대방이 이 일에 반드시 필요한 사람이라는 느낌을 주는 것이 중요한 단계죠.

2단계: 협업 중

동료가 기여하고 있는 부분을 데이터로 수치화하여 칭찬합니다. 예를 들어 영상제작 담당자와 협업을 하는 경우, "이번에 제작해주신 영상으로 여러 가지 테스트를 진행 중인데요. 메인 페이지에 영상을 넣었더니 일주일 사이에 유저들의 평균 페이지 체류시간이 30%나 증가했어요. 역시, 서비스에서 강조해야 할 포인트를 아는 분이 작업해주시니까 다르네요!"라고 칭찬할 수 있겠죠. 직장에서의 칭찬은 보통 연차나 직급이 높은 사람만 하는 것이라고 생각하는 경우가 많은데요. 데이터로 전달하는 칭찬은 객관성을 가지고 있기 때문에, 나의 연차나 직급에 관계없이 상대방에게 동기부여 하는 수단으로 사용할 수 있어요.

3단계: 협업 후

상대방과의 협업을 통해 얻은 가치를 데이터로 수치화하여 칭찬합니다. 이것은 협업자로서의 경험을 좋게 만들어줄 뿐 아니라 나중에 다시 협업을 하는 것 또한 수월하게 만들어줍니다.

지금까지 협업을 수월하게 만드는 칭찬법을 알려드렸는데요. 사실 협업을 더욱 수월하게 만들기 위해서는 협업을 할 때 뿐만 아니라 평소에도 동료와의 관계를 잘 쌓아두어야 합니다. 동료에게 관심을 가지고, 동료의 역할을 존중하며, 성과를 인정하는 자세를 갖는 것. 이 모든 것이 우리의 협업을 성공적으로 만드는 요소라는 것, 잊지 마세요!

베스트 댓글

칭찬은 고래를 춤추게 하고, 협업하는 동료를 움직이게 만든다.

#14

회의 준비

어제 부장단 회의
부장님이 중요한 자리니까 특별히
신경쓰라고 해서
정말 꼼꼼히 챙겼거든요

회의자료 열 번 확인하고,
직급에 안 나타나는 서열관계 확인해서 좌석 배치하고
이사님 취향 파악해서 음료도 준비하고
꼼꼼하게
잘했네요

그런데 사소한 거 하나
체크 빼먹어서
왕창 깨졌잖아요

뭘요?

마이크 확인을 안 했는데
그게 작동을 안 해서
우와 난감했겠다

저도 얼마 전에
마이크 체크 안 해서
곤란했었는데
응? 해영 씨도요?

요즘 회사 사정이
약간 좋아졌지만

3년 만에 떠나는 제주도 전사 워크숍. 대표님을 포함한 경영진의 관심이 초집중된 행사입니다. 200명에 가까운 직원들을 무탈하게, 그리고 실수 없이 통솔해야 합니다. 행사 주관부서로서 모든 이동 동선과 일정, 행사 프로그램까지 완벽하게 준비했고, '이보다 완벽할 수는 없다'라고 생각했죠. 여행사, 행사 진행 업체와도 몇 번씩 더블체크를 했고, 만에 하나 발생할 수 있는 돌발상황까지 생각해 플랜 A, B, C까지 완벽하게 준비했습니다.

'자, 이제 떠나자!'

출발 당일, 공항까지 가는 길이 생각보다 막혀 미팅 시간에 조금 늦었습니다. 공항에 도착하기 무섭게 울리는 전화벨. 다급한 팀원의 목소리가 들려왔습니다.

"어디야? 항공권 발권 속도가 생각보다 너무 느리네. 직원들 하나둘씩 도착해서 우리만 바라보고 있는데 이거 어쩌냐. 빨리 좀 와봐."

전화를 끊자마자 열심히 달렸습니다.

'발권에 문제가 생길 줄은 몰랐는데…. 출발 전부터 이런 난관이?'

부랴부랴 만나기로 한 게이트에 도착하자마자 사색이 된 얼굴로 다른 팀원이 다가왔습니다.

"왜 그래? 발권이 진짜 오래 걸리나 보네. 이제부터 내가 팀별로 빨리 분류해볼게."

"그게 문제가 아니고… 지난달 신규 입사자 4명 항공권 예약이 안 됐어…."

3초간의 정적. 사고가 정지된 듯 아무 생각도 아무 말도 떠오르지 않았습니다. 새로 발권이 필요한 4명이 가장 빠르게 출발 가능한 항공권은 오후 2시 50분. 원래 예정된 출발 시간보다 약 6시간이 더 늦은 티켓이었습니다. 항공권이 없는 4명 중 한 명은 굉장히 기분이 상했음을 온몸으로 표현하고 있었고, 팀장님은 굳은 얼굴로 입을 닫으셨습니다. 그 어느 때보다 그토록 열심히 준비한 행사인데…. 메인 행사가 시작되기도 전에 어떻게 이런 실수가 있을 수 있단 말인가. 정말 주저앉아 울고 싶었습니다.

이성의 끈을 가까스로 붙잡고 우리 팀원들의 티켓을 신규 입사자 4명의 이름으로 변경 요청했는데, 탑승 시간이 얼마 남지 않아 인원 교체가 불가능하다는 답변을 받았습니다. 하, 너무 늦은 대처였습니다.

신규 발권밖에 방법이 없다는 답변을 받고 가장 빨리 출발하는 항공권을 찾아 헤맸습니다. 1시간 간격으로 2명의 항공권은 확보했고, 나머지 2명은 우리 팀원 중 한 명이 전담하여 6시간의 대기 시간을 함께 보내기로 했습니다.

나중에 확인해보니 여행사에 4명의 추가 인원에 대한 정보는 전달했으나 최종 명단에 반영이 안 됐던 것이었습니다. 내 탓만은 아니라는 생각에 억울하기도, 속상하기도 했습니다. '여행사와 최종 명단을 한 번 더 확인했어야 했는데…. 아니면 도착하자마자 탑승자 정보 변경을 바로 했어야 했는데…'라는 생각이 머릿속을 떠나지 않았습니다.

열을 잘하다 딱 하나를 놓쳤다면

업무의 무게와는 상관없이 문제는 어느 상황에서든 생길 수 있고, 또 생기기 마련입니다. '이것쯤은 괜찮겠지' 하며 넘긴 바로 그 포인트에서 어김없이 사고가 터지기도 하고, 이 에피소드처럼 정말 예상하지 못한 순간에 어처구니없는 실수가 생기기도 하죠. 특히 신입사원 시절에는 의도치 않은 실수들 때문에 크게 혼이 나기도 하고, 스스로 자괴감에 빠져 밤새 이불킥을 하는 날이 종종 있을 수 있는데요. 열심히 준비한 노력의 결과를 작은 실수로 인해 인정받지 못한다면 정말 속상하겠죠.

그래서 이번에는 애써 준비한 프로젝트를 성공적으로 마무리하기 위한 철저한 사전 준비와 의연한 사후 대처에 대한 이야기를 나눠보려고 합니다.

모두가 완벽하고 무탈하게 프로젝트를 끝내기를 바랄 테지만, 생각보다 사전에 철저하게 준비하지 않아 문제가 생기는 경우가 참 많습니다. 스스로 완벽하게 준비했다고 생각하지만 놓치는 부분이 생기고, 마무리하고 보니 처음 기획 의도나 목적성과는 약간 다른 결과물이 나와 당황스러운 경우도 있습니다. 철저한 사전 준비를 위해서는 다음 세 가지를 기억해주세요.

첫째, 체크리스트

체크리스트를 만드는 것 자체가 일이 되어 귀찮다고 생각할 수 있지만, 처음 하는 업무나 프로젝트의 경우 시작부터 끝까지 사전에 모든 진행 단계를 그려볼 수 있어 도움이 됩니다. 체크리스트는 업무 수행 단계를 쪼개어 최대한 구체적으로 작성하고, 업무를 진행하면서 추가된 단계나 확인이 필요한 사항들은 계속해서 체크리스트에 반영합니다. 이는 프로젝트의 최종 점검 시에도 유용하게 활용할 수 있습니다.

둘째, 혹시/만약/그럼에도

'여기서 문제가 되진 않겠지' 혹은 '이것까지 체크할 필요가 있을까'라는 의문이 들 때는 그냥 넘기지 말고 꼭 한 번 더 확인하는 것이 좋습니다. '혹시' 이것도 필요하진 않을까? '만약' 이런 상황이 되면 어떻게 할까? '그럼에도' 한 번 더 확인해보자. 이런 마인드로 꼼꼼하게 짚고 넘어가자고요.

셋째, 전지적 시뮬레이션

업무의 보고 대상 혹은 프로젝트의 매니저가 되어 업무의 전 과정을 돌아보는 연습이 필요합니다. 해당 업무에 완전히 몰입해 있는 상태에서 벗어나 전체적인 흐름과 방향을 점검해야 합니다. 또 매니저가 내 앞에 있다고 생각하고 시뮬레이션을 하되, 의문을 가질 만한 포인트를 체크해 자문자답해보는 것도 완성도를 높이는 데 많은 도움이 됩니다.

이렇게까지 준비했지만, 여전히 예기치 못한 문제가 발생할 가능성은 있습니다. 너무나도 당황스럽고 마주하고 싶지 않은 돌발상황, 이미 발생했다면 어떻게 해야 할까요? 문제가 생겼을 때 의연하게 대처하는 방법은 다음 세 가지를 기억해주세요.

첫째, 정확하고 빠른 공유

프로젝트에 엮여 있는 사람들이 많다면, 우선 발생한 문제에 대해 정확하고 빠른 공유가 필요합니다. 문제를 공유하면서 상황을 보다 객관적으로 다시 바라볼 수 있고, 함께 고민하며 문제를 최소화하고 빠르게 해결할 수 있습니다.

둘째, 의연하고 책임감 있는 대처

문제가 발생했을 때 당황한 나머지 사고를 멈추면 안 됩니다. 주저앉아 자신 혹은 누군가의 탓을 하거나 감정을 드러내는 것 또한 문제 해결을 위해 아무런 도움이 되지 않습니다. 당황스러움을 표현하기보다 프로다운 의연함을 보이고, 터져버린 문제 자체보다는 해결 방법을 찾는 데 집중하세요. 어떻게 해서든 문제를 해결하고 프로젝트를 끝까지 완수해내는 것까지가 나의 책임이니까요.

셋째, 문제 상황에 대한 리뷰

모든 것이 마무리되면, 혼자 문제 상황에 대해 복기해보세요. 어떤 포인트에서 문제가 생겼고, 사전에 확인하지 못한 이유는 무엇인지, 그리고 문제 상황에서 나의 대처는 어땠는지 객관적인 시각으로 돌아보는 거죠. 문제의 원인과 보다 나은 대처 방법을 깨달았다면, 우리는 오늘도 멋진 경험 하나를 얻은 겁니다.

베스트 댓글

마이크가 문제일까, 내가 문제일까….
마이크까지 체크 못 한 내 탓이오, 내 탓이오, 내 탓이오.

저 병원 예약 때문에
오늘도 반차 좀..
응 그래

저기 이직중 씨
네?

반차 먼저 신청하고
병원 예약 잡는 게 맞지 않을까요?

그리고 반차가 너무 많던데
규정 내에서만 쓰기 바랍니다
득점아 그렇게까지
빡빡하게는…

휴가를 내고, 친구와 맛있는 것을 먹으며 오랜만의 여유를 즐기던 때였습니다.

지이이잉~

모르는 번호이지만, 회사에서 걸려 온 전화임이 분명했습니다. 휴대폰 화면에 회사 내선 번호가 떠 있었기 때문이죠.

'휴가인데, 왜 전화하는 거야.' 얼굴이 찌푸려졌습니다. 하지만 이

내 얼굴을 풀고 친구와의 대화에 집중했습니다. 당연히 전화는 받지 않았죠.

지이이잉~

전화를 받지 않았기에 끈질기게 진동은 계속되었습니다. 결국 저는 친구에게 양해를 구해야 했고, 그 후 문의 러시에 시달려야 했습니다. 그때만 생각하면, 고개를 절레절레 젓고 싶어요. 전화 한 통으로 기분이 단번에 안 좋아지는 걸 체감한 순간이었거든요.

'휴가' 하니까 다른 에피소드도 떠오르는데요.

"이번 주 행사 준비 사항 좀 체크해볼까요? 음… 이 부분은 어떻게 진행되고 있어요?"

"그건 함 대리가 준비하고 있어서요."

"함 대리, 휴가잖아. 가만, 이거 준비가 제대로 안 된 거 같은데? 이거 큰일이구먼."

회사의 큰 행사를 앞둔 며칠 전, 마지막 점검을 하던 중 발견한 큼지막한 구멍에 팀장님과 동료들은 당황했습니다. 행사를 성황리에 마치기 위해 각자 담당한 역할이 있었는데요. 한 동료가 제대로 준비를 마치지 않고 휴가를 떠났더라고요. 휴가를 떠난 동료에게 연락해 따질 수는 없는 노릇인지라, 남은 직원들끼리 각자 하고 있는 일도 미루고 업무 구멍을 메꿨습니다.

이기적이고 이타적인 휴가 사용 매너

앞서 얘기한 제 경험을 들으면서 눈치채셨다시피, 이번 이야기의 주제는 '휴가 사용'에 관한 이야기입니다. 웹툰에서 캐릭터 이직중의 이름에서 알 수 있듯이, 이직중은 이직할 기회를 엿보고 있는 인물입니다. 이직중의 속내에 대해서 자세히 다뤄진 적은 없기에, 앞으로 해드리는 이야기는 제 개인적인 추측이긴 한데요. 병원 예약이 되어 있어 반차를 사용한다고는 하지만, 다른 회사에 면접을 보러 가기 위해 반차를 내는 것 같습니다.

실제로 신입사원을 포함한 주니어 직원들이 주중에 뜬금없는 휴가를 사용하면 "면접 보러 가냐?"는 질문을 듣기도 합니다. 그럴 정도로 휴가 내고 면접을 보러 가는 분들이 많기 때문이에요.

직장인이라면 당연히 주어지는 휴가! 휴가 사용 전, 미리 알려야 할까요? 아니면 그 휴가를 쓸 당일에 알려도 무방할까요? 아, 앞으로 다루는 휴가는 아파서 사용하는 휴가가 아닌 리프레시 휴가를 말합니다. 아프게 될 거라는 걸 어떻게 미리 알 수 있으며, 어떻게 회사에 미리 알릴 수 있을까요?

어느 정도 조직에서 일한 분들이라면 대부분 휴가 사용 전에 미리 알려야 한다고 말씀하실 것 같고, 신입사원이라면 의견이 갈릴 것 같습니다. 미리 알려야 한다는 의견도 있겠지만, "나에게 부여된 휴가를 내 맘대로 쓰는 건 나의 권리 아니냐"라고 말씀하시는 분들도 꽤 있을 것 같아요. 사실 틀린 말은 아닙니다.

근로기준법상, 원칙적으로 근로자는 청구한 시기에 연차휴가를 갈 수 있기 때문입니다. 여기서 근로자는 신입사원을 포함한 직원입니다.

근로자는 자신이 휴가를 사용하고 싶을 때에 휴가를 갈 수 있지만, 사업 운영에 막대한 지장이 있는 경우, 사용자, 즉 회사는 근로자에게 휴가 일정을 바꿔달라고 요구할 수 있습니다. 이것을 연차휴가 시기변경권이라고 합니다. 사업 운영에 막대한 지장이 있는지 그 여부가 쟁점이라고 할 수 있는데, 법원은 "근로자가 연차휴가를 사용할 경우 발생하는 업무 공백은 충분히 예측 가능한 부분이기 때문에 사측이 알아서 해결할 부분이다. 따라서 근로자가 청구한 시기에 연차휴가를 주어야 한다"라고 입장을 밝혔습니다.**10**

그렇다면 근로기준법에도 어긋나는 게 아닌데, 왜 휴가 사용 전에 미리 알려야 할까요? 저는 이 질문에 대해 '나 자신과 동료들을 위해서'라고 말씀드리고 싶어요.

한 사람이 휴가를 쓰면 업무 공백이 발생하고, 어떤 업무의 담당자가 부재하게 됩니다. 내가 휴가에 가 있는 동안 내가 처리해야 할 일이 발생하지 않는다면 정말 좋겠지만, 그런 경우는 솔직히 극소수라고 생각합니다. 그래서 내가 없는 동안 내 업무를 대신 처리해줄 수 있는 업무 대리자를 구해야 하는데, 이를 위해서 휴가 사용을 미리 알려야 한다고 생각합니다. 부재 기간 동안의 업무를 인계하기 위해 동료들과 미리 합의도 해야 하고(라 쓰고 부탁한다고 읽습니다), 업무 처리 가이드를 전달해야 하거든요.

---

10 출처: 김동주 변호사, 법률신문 뉴스 '연차휴가, 내가 원하는 때에 쓸 수 있는 건가요?'

이런 과정이 없이 룰루랄라 휴가를 떠나게 된다면 남아 있는 동료들은 내 담당 업무를 어떻게 처리해야 하는지 알 길이 없어 당황하고, 할 수 없이 나에게 전화를 할 텐데요. 업무 처리가 막막해 연락한 동료도 기분이 좋지 않을 테지만, 휴가 중 업무 연락을 받은 나도 기분이 좋을 수는 없거든요. 이러한 불상사를 막기 위해서라도 휴가 사용 전 동료들에게 미리 알려야 한다고 생각합니다. 불상사가 발생한 후 회사에 복귀하면 동료들의 싸늘한 눈초리를 받게 되겠죠.

휴가 사용 전, 동료들에게 미리 알리는 것에 대한 제 의견은 동료가 대책 없이 휴가를 가 (일명) 똥을 치웠었고, 제대로 업무 인계를 하지 못해 휴가 중 업무 연락을 받은 제 경험을 토대로 이루어진 결과물이라고 볼 수 있겠습니다.

몇 번의 불상사를 겪다 보니 이제 휴가를 떠나기 전 업무 대리자를 구하는 것과 부재중 자동 응답 메일 작성 혹은 착신 전환은 당연한 것이 되었습니다. 신입사원 시절로 돌아간다면, 휴가의 질을 높이기 위해 우선 동료에게 업무 부탁을 하고, 휴가 기간에 어떻게든 업무 연락을 받지 않도록 애쓰고 싶네요. 여기서 휴가의 질을 높이는 저만의 방법을 소개합니다.

첫째, 휴가를 떠나기 전, 나의 부재 기간에 발생할 수 있는 업무 이슈에 대해 생각해봅니다.

내가 없는 동안 우리 조직에서 진행될 업무가 무엇인지, 거기서 내가 맡은 역할은 무엇인지 파악해봅니다. 내가 맡은 역할이 없다면 '열심히 일한 나, 떠나라!' 하고 휴가를 떠나면 됩니다. 그러나 현실은 그렇지 않으니, 내가 맡은 역할이 무엇인지 꼼꼼히 파악해봅니다. 그리고 내가 해야 할 일들을 정리합니다.

둘째, 내가 맡은 업무를 미리 처리하거나 대리자를 구해 부탁합니다.

휴가 전 내가 해야 할 일들을 파악했다면 누구보다 빠르게 일을 처리해 나갑니다. 가능하면 일을 다 처리하고 휴가를 떠나는 게 좋지만, 그렇지 못할 경우 어떻게 할까요? 동료 중 대리자를 구해 급한 대응을 부탁하는 게 좋습니다. 짝을 지어 페어로 처리하는 업무가 아니고서야 동료도 업무를 완벽히 처리할 순 없으므로, 부탁한 동료에게는 정말 급한 문의 대응만 부탁하는 게 좋습니다. 그래서 저는 보통 휴가 전 업무 처리를 다 해놓고, 급하게 문의해올 수 있는 FAQ 사항을 동료에게 전달해 대응을 부탁하고는 합니다.

셋째, 유관부서 담당자에게 부재중 메일을 작성합니다.

대리자인 동료와 입을 맞췄다고 끝난 게 아닙니다. 보통 대리자인 동료는 같은 부서에 있는 경우가 많은데, 다른 부서에 있는 동료들은 나의 휴가 일정을 모르는 경우가 많습니다. 이런 경우에는 휴가를 떠나기 전, 부재 기간에 담당자가 바뀔 것이라는 안내를 해주는 게 좋습니다. 이러한 안내는 보통 메일로 하는데, 안내할 때 휴가 기간을 정확히 적어주면 다른 부서 동료들도 참고하여 휴가가 끝나고 연락을 하거나 대리자에게 연락할 것입니다.

넷째, 휴가 중 자동 응답 메일을 작성하고, 전화 거절 메시지를 등록합니다.

유관부서 담당자에게 안내했지만, 생각지도 못한 동료가 내게 연락을 해올 수가 있습니다. 이때에도 내가 휴가임을 알려주기 위해 자동 응답 메일을 등록해놓습니다. 자동 응답 메일은 누군가 내게 메일을 보내면 미리 등록해놓은 양식의 내용이 자동으로 상대방에게 발송되는 기능입니다. 전화를 선호하는 분들 같은 경우 상대방이 휴가인지 모르고 메일을 건너뛰고 전화를 하는 분들이 있습니다. 이런 경우에는 미리 '휴가 중입니다' 혹은 '휴가 중이니 ○○○님(업무 대리자)에게 연락 부탁드립니다'라는 식의 전화 거절 메시지를 등록해놓으면 휴가의 질을 한껏 높일 수 있습니다.

베스트 댓글

휴가 때 회사 연락 안 받고 싶은 사람, 나야 나!

아... 살겠다
역시 일 끝나고 하는
한 잔이 최고야!
캬...
이 맛에
회사 다니죠

나리는 요번에
휴가 어디로 갈
생각이야?
어? 악한 선배
문자 왔나 봐요
위잉~
위잉~

에이~
왜?

박 과장님이 또
문자 보냈어

어머 요새 업무시간 이외에
메일이나 문자 보내지 말라고
회사에서 지침도 내려왔는데
박 과장님이
그런 거 신경 쓸
사람이냐?

나도 요즘 업무시간 외
문자 때문에 골치가 아파
너도?

그래요? 득점 선배는
그래도 회사일 열심이라
신경 덜 쓸 줄 알았는데
그것도 한두 번이지
수시로 오니까

퇴근하고 집에 가는 길. 카톡 미리보기에 팀장님 이름이 떴습니다.

'아직 회사?'

'퇴근하고 집에 가고 있습니다.'

'그럼 내일 이야기해요.'

'괜찮습니다. 말씀하세요.'

'아니, 집에 티비도 고장 나서 이런저런 생각하다 뭐 해줄 말이 갑자기 생각나서…. 왜 그때 메일에 오타 발생하는 실수를 했잖아. 그런데 그런 실수를 방지하기 위해서는 이렇게 해보면 어때?'

'아, 네. 감사합니다. 앞으로 업무에 참고하겠습니다.'

'응, 그래. 푹 쉬고 내일 봅시다.'

그리고 며칠 후, 휴일에 카톡 메시지 미리보기에 뜬 팀장님 이름과 함께 보이는 링크, 웃긴 짤이었다.

'하하, 너무 웃기네요. 팀장님, 즐거운 주말 되세요.'

또 며칠 후 늦은 밤 도착한 팀장님의 카톡 메시지.

'도움이 될 것 같아 보내요. 잘 자요.'

업무에 도움이 되는 모임 링크였다.

그리고 또 며칠 후, 퇴근 후 도착한 팀장님의 카톡 메시지.

'혹시 그 후보자 희망연봉이 얼마라고 했었죠? 지금 당장 답변하지 않아도 돼요. 내일 출근하면 확인하고 알려주세요. 내가 내일 잊어버릴까 봐 지금 생각나서 톡 보내놔요.'

업무시간 외 오는 연락 센스 있게 대처하는 방법

업무 외 시간에 자꾸 연락하는 팀장님, 처음에는 답변을 잘했지만 퇴근하고 나면 업무를 잊고 싶은데 자꾸 연락해 업무를 생각나게 합니다.

"팀장님, 업무 외 시간에 연락하지 않으셨으면 좋겠습니다"라고 말하고 싶지만, 그렇게 말하기가 쉽지 않죠?

업무 외 시간에는 최대한 팀장님의 연락을 받고 싶지 않다면 미리 이렇게 해보면 어떨까요?

첫째, 업무지시를 받았을 때, 데드라인 확인하기

해야 할 업무들이 몰아치면 어떤 일을 먼저 처리해야 하는지 우선순위를 정하는 것이 처음에는 어려울 수 있어요. 그러다 보면 놓치는 업무들이 많아져 수시로 팀장님의 연락을 받는 상황이 잦아지게 되겠죠? 업무지시를 받았을 때, 정확한 일정과 함께 데드라인을 확인하세요.

예) 팀장님, 업무 사항 내일 오전 11시까지 완료하면 될까요?

둘째, 데드라인 전 중간보고하기

팀장님들은 업무 데드라인이 남았어도 업무 진행 사항을 궁금해하지요. 이때 데드라인 전 중간에 업무 진행 상황을 미리 공유해준다면 업무에 대해 물어볼 일이 없겠죠?

중간보고를 통해 업무 진행이 잘되고 있는지 팀장님과 계속해서 커뮤니케이션이 되기 때문에 발생하는 변수라든지, 데드라인 조율이 필요할 경우 유연하게 대처할 수 있답니다.

예) 팀장님, 지금까지 10명의 후보자와 통화하였고, 그중 2명이 지원 의사가 있었으며 10일까지 이력서 업데이트하여 전달받기로 하였습니다. 수령 후 팀장님께 전달할 예정입니다.

셋째, 퇴근 한두 시간 전 오늘 처리해야 할 업무에 대해 확인하기

근무시간에는 별 말 안 하다, 아니면 업무 이야기는 충분히 한 것 같은데 가끔 퇴근시간이 가까워지면 업무지시를 하는 팀장님이 있습니다. 퇴근 이후에 업무 관련 연락을 하는 팀장님도 있고요. 퇴근시간 임박해서 말고 한두 시간 전에 업무 내용을 공유하면서 자연스럽게 확인해보세요.

예) 오늘 추가로 몇 명에게 더 연락할 예정입니다. 오늘까지 제가 따로 해야 할 사항이 있으면 알려주시면 감사하겠습니다.

업무 이외에 개인적인 연락을 퇴근 이후에 하는 팀장님. 그래도 업무에 도움이 되는 글이나 커뮤니티 소개면 감사하기도 합니다. 웃긴 짤 보내주시면 피식 웃음이 나기도 합니다. 그래도 퇴근 후 회사에서 벗어나 나만의 시간을 갖고 싶을 때 저는 이렇게 했었습니다.

첫째, 답변과 함께 대화 마무리하기

답변을 안 하기는 민망하고 신경 쓰인다면 답변과 함께 더 이상 대화가 이어가지 않게 마무리하세요.

예) 보내주신 내용은 잘 보았습니다. 오늘 정말 고생하셨습니다. 내일 뵙겠습니다.

둘째, 업무시간에만 답변하기

업무 외 시간에 오는 연락에는 답변하지 않고 업무시간에만 답변하세요. 이때 센스 있는 멘트와 함께 답변을 하다 보면 팀장님도 퇴근 후에 개인적인 연락을 계속해서 하지 않게 되겠죠?

예) 팀장님, 제가 집에 가면 휴대폰을 잘 보지 않아서 이제 답변합니다.

베스트 댓글

저기… 팀장님, 저희 집에는 와이파이가 되지 않습니다만….

가우스전자

PART 3
마인드셋

#17

미움받을 기백

이다 너 요새
표정이 너무 어둡다
무슨 일 있어?

회사생활이
쉽지 않아서요

거짓말을 못 하니까..
이런저런 트러블도 많고
저도 말 참느라
답답하구요...

아무래도 좀 그렇지...
회사는 상하관계가 있으니까

알프레드 아들러의 심리학 있잖아
미움 받을 기백이라고

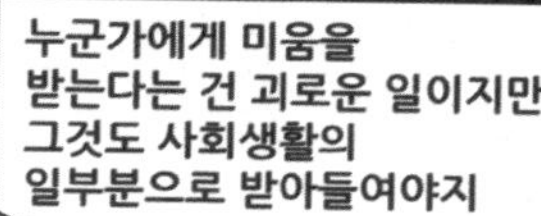
누군가에게 미움을
받는다는 건 괴로운 일이지만
그것도 사회생활의
일부분으로 받아들여야지

모두에게 사랑만 받으려고 하면
결국 자기자신을 사랑하는
법을 잃게 될 수도 있어
아…

정말 맞는 말 같아요
저도 그 책 읽어보고 싶네요
이다 너에겐 도움이 될 수도
있을 거야

"저 친구 신입인데도 참 빠릿하게 일 잘해."

"새로 온 신입사원이 어쩜 그렇게 센스가 있어."

신입사원 때는 더욱이 처음부터 인정받고 싶고 모든 것을 잘 해내고 싶은 마음이 큽니다. 칭찬을 들을 때마다 괜히 어깨가 으쓱해지며, 더 잘해야겠다는 생각과 함께 무엇이든 의욕적으로 하고 싶기 마련입니다.

어느 날, IT 부서에서 금일 오후까지 정보 입력을 해야 한다고 해서 부서장님이 본인을 대신해 저에게 부서 전체 메일로 공지를 전달하라고 지시하셨습니다. 당시 우리 부서에는 외근 중인 분들이 있었는데, 갑작스러운 요청사항이었기 때문에 제 딴에는 센스를 발휘하여 IT 부서에 미리 말씀을 드린 후 대안까지 확인을 마쳤습니다. 그리고 전체 메일 내용에 이 사항도 포함하여 공지 메일을 발송했습니다.

부서장님을 대신해 공지를 보내는 것이었기 때문에 막내인 제가 지시하는 것 같은 표현은 없는지 신중하게 단어를 선택하는 등 전체 메일 발송 전 여러 번 검토를 했습니다. 그리고 부재중인 분들의 데드라인까지 미리 양해를 구해놨기에 스스로를 칭찬하며 발송버튼을 눌렀습니다(지금 생각해보면 단순히 각자 정보 입력하라는 전체 공지 메일 발송인데 이 사소한 일에도 뭐 그리 모두에게 인정을 받으려 하고 칭찬을 들으려고 했는지 의문입니다).

몇 시간 후, 저 멀리서 씩씩거리면서 붉으락푸르락인 얼굴로 쿵쾅쿵쾅 발소리를 내며 걸어오는 모습이 보였습니다.

'뭐 화나신 일이 있으셨나? 어디 가시는 거지?'라고 생각하는 순간, 제 책상 앞에 그분이 멈춰 섰습니다. 그리고는 앉아 있는 저를 무섭게 노려보며 소리를 고래고래 질러대기 시작했습니다. 그 표정은 몇 년이 훌쩍 지난 지금도 한 번씩 생각이 날 정도로 공포스러웠습니다.

"외근 중이어서 메일을 이제 봤는데 그렇게 갑작스럽게 요청하면 어떻게 해!"

"아니, 제가 그런 게 아니라… 거기 부서에서 갑자기 알려주시…

신 거라서요…. 저는 그저 공지 메일을 보내라는 지시만 따랐을 뿐…운….”

“그럼 나같이 외근 나가 있는 사람은 어쩌라는 거야? 일하다 말고 메일만 보고 있으라는 거야, 뭐야?”

“그래서 제가 외근 중이신 분들도 있을 것 같아 이 부분을 확인하였고, 미리 전달도 해두었습니다. 요청한 시간 내에 못 하신 분들은 사무실 복귀 후 직접 연락하시면 된다고 합니다. 공지 메일에 이 부분도 추가해서 발송드렸습니다. 만약 추가 문의 사항이 있을 경우 IT팀에 문의하시면 답변을 해주신다고 합니다.”

이렇게 대답을 하고는 있지만 ‘내가 대체 뭘 잘못한 거지? 난 그냥 시키는 대로 전체 공지만 했을 뿐인데…’라는 생각과 함께 심장이 쿵쾅거렸고 손이 바들바들 떨렸다.

“아니! 다들 예뻐라 해주니 뭐라도 되는 줄 알아? 부서장님 대신 전달할 때 항상 똑바로 해. 본인이 부서장인 줄 알지 말고.”

“네?” (이건 또 무슨 말이야?)

이 상황은 메일 발송 버튼을 누르는 순간까지 전혀 예상치 못한 일이었습니다. 고요한 사무실에 점점 커져가는 고함에 괜히 내 얼굴이 화끈거렸고, 전달 메일만 보내라고 해서 보낸 것뿐인데 왜 이런 소리를 듣고 있어야 하는지 억울했습니다. 그리고 나름 외근 나간 분들을 위해 누가 시키지도 않았음에도 미리 양해를 구해두고 대안까지 찾아놓은 제게 너무 한다는 생각이 들었습니다. 그때 저 멀리서 차장님 한 분이 다가와 왜 그러냐고 물으니 그제야 소리치던 분은 자리로 돌아가셨습니다.

저는 보낸메일함을 클릭해 문제의 발송 메일을 처음부터 끝까지 읽고 또 읽어보았지만 도대체 뭐가 잘못되었는지 알 수가 없었습니다. 머릿속에서는 자꾸 이 생각만 맴돌았고 억울한 마음에 눈물이 핑 돌았죠.

'내가 무슨 부서장님처럼 굴었다고? 예쁘다 해주니 뭐라도 되는 줄 아냐고?'

이번 일이 더 충격적이었던 것은 부서장님이 저에게 그 공지 메일을 보내라고 말씀하시는 것을 들은 주변 분들이 많았음에도 제가 한참 욕먹고 있을 때 어느 한 명 '그게 아니다, 왜 얘한테 소리를 지르냐' 한마디 해주지 않고 그냥 나 몰라라 각자 할 일들만 하고 있었던 것입니다.

화가 얼마나 났는지 감정 컨트롤이 안 되는 그분이 저에게 한껏 소리를 지르고 본인의 자리로 돌아간 후에야 한두 명씩 와서 "그냥 이해해"라며 눈을 찡긋하는데 서럽고 억울한 마음에 혼자 옥상에 올라가 펑펑 울었습니다.

처음부터 너무 **잘하려고** 하지 마세요

모두에게 일 잘한다고 인정받으며, 사랑받는 사람이 되고 싶었던 신입사원 시절. 이 일이 일어나기 전, 저는 스스로 부서에서 그런 존재라고 생각했습니다. 그랬기 때문에 마음에 아주 큰 상처를 남긴 사건입니다.

직장생활을 하다 보면 내 의도와 관계없이 오해를 받는 경우가 생기기 마련입니다. 신입사원일 때는 이런 상황이 생기면 억울함과 서러움에 멘탈이 탈탈 털릴 수 있죠. 그때는 너무 힘들고 마인드컨트롤 되기까지 꽤 오랜 시간이 걸렸습니다. 하지만 이제는 대처 방법을 조금은 알게 되었고, 늘 저 스스로에게 감정에 상처받지 말자고 다짐합니다.

부푼 마음으로 이제 막 직장생활을 하는 신입사원들에게 이런 상황이 없으면 좋겠지만 이런 상황이 닥쳐도 저보다는 조금은 덜 상처받기를 바라는 마음입니다. 만약 내 의도와 다르게 누군가 오해하거든 대화를 시도하세요. 대화를 했음에도 내 말을 들으려 하지 않고 본인의 의견만 주장하거나 대화 자체를 거부하고 뒤에서 험담을 한다면 그냥 잊기로 해요.

많은 인간관계가 복합적으로 이루어지는 직장생활, 업무에 대한 스트레스보다 인간관계에서 오는 스트레스가 더 크게 느껴집니다.

"일이 힘든 것은 참겠는데, 사람 때문에 힘든 것은 도저히 못 참겠어요."

이것이 퇴사의 원인이 되기도 하고, 심하게는 정신적으로 큰 트라우마가 되어 더 이상 사회생활을 못 하게 되는 사람도 있습니다.

만약, 사람 때문에 스트레스를 받아서 퇴사를 하거나 트라우마를 갖게 되는 일은 없길 바랍니다. 부푼 마음으로 입사한 회사에서 모두에게 인정받고 싶은 마음은 당연합니다. 처음에는 모든 것을 다 잘 해내고 싶고 빨리 결과를 보여줘서 인정받고 싶은 마음이 클 수밖에 없지요. 직장생활 시작할 때 우리 이 두 가지는 꼭 마음속에 새기고 시작해봅시다.

첫째, 모두에게 인정받으려 하지 말자.

둘째, 모두가 내 마음과 똑같을 수 없다.

모든 사람의 생각과 성격은 다릅니다.

나의 의도와 다르게 오해하는 사람이 생길 수 있고, 내 잘못이 아닌데 혼이 나는 억울한 경우도 생길 수 있습니다. 정말 다양한 사람들과 생활해야 하는 회사인데, 모두에게 인정받고 사랑받고 싶은 마음에 처음부터 너무 잘하고 싶은 마음에 그저 참기만 하면서 '좋게 좋게만' 일하기보다는 내 마음은 내가 스스로 지켜가면서 일합시다.

베스트 댓글

꼰대 팀장님의 미움받을 용기가 제일 큰 게 문제!

#18

감정 노동

성문 씨 요즘 보면
힘없고 처져 보이던데
왜 그래?
저.. 그게
고객대응팀 반성문 사원

매일 하는 일이 고객을 만나서
욕먹고 사과하는 일이라...
고객대응팀 송구해 부장

이젠 일상생활에서도
주눅이 들고...
사람이란 존재가
싫어지는 거 같기도 하고...

음.. 우리같이
감정노동 하는 사람들은
정신건강에 신경
많이 써야 돼

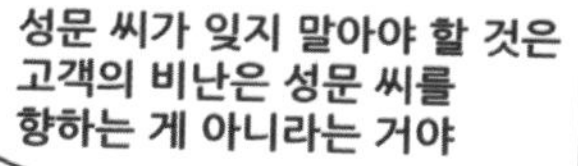
성문 씨가 잊지 말아야 할 것은
고객의 비난은 성문 씨를
향하는 게 아니라는 거야

고객의 불만과 비난은
회사와 제품에 대한 불만이지
성문 씨 개인을 향한 게 아니지

그 점을 명심하면
스트레스를 줄일 수 있을 거야
부장님 감사합니다
꼭 명심할게요

아니 이런 물건을
팔아먹고 돈을 받아?
어떻게 보상할 거야!! 엉!!

"소영 씨, 지금 시간 괜찮아요?"

"네, 팀장님. 괜찮습니다!"

"그럼 잠깐 회의실에서 좀 봐요."

점심시간까지는 화기애애한 분위기였는데, 느낌이 싸한 게 왠지 좋은 일로 부르시는 건 아닐 것 같다는 예감이 들었습니다. 아니나 다를까, 회의실에 들어가자마자 팀장님의 짜증 섞인 목소리가 날아옵니다.

"이번 프로젝트 진행하기 전에 히스토리 파악 안 했어요? 이전에 했던 방식이 잘 안 됐으니까 이번에는 새로운 방식을 시도해보기로 했었잖아요. 그럼 지난번에 우리가 했던 방식이 실패한 이유가 뭔지 당연히 먼저 파악했어야죠."

"아, 죄송합니다. 확인은 했는데 놓친 부분이 있었나 봐요."

"이게 정말 최선이에요? 지금 이것 때문에 옆 부서에서 안 해도 될 일을 했다고, 기획 좀 제대로 해달라고 난리예요."

"아닙니다. 다음부터는 관련 프로젝트 히스토리부터 꼼꼼하게 확인하겠습니다."

"네, 다음부터는 이런 일 없게 해주세요."

나름 밤을 새워가며 열심히 준비한 프로젝트였는데, 이런 말을 듣고 나니 알 수 없는 감정이 몰려옵니다. 좀 더 꼼꼼하게 준비하지 못한 나에 대한 실망감인지, 아니면 열심히 한 걸 알아주지 않는 팀장님에 대한 원망인지 모르겠습니다.

한숨을 쉬며 자리로 돌아오는데 '이게 정말 최선이에요?'라는 팀장님의 말이 자꾸만 '너 이거밖에 안 돼?'라는 말로 들리는 것 같았습니다.

부정적인 피드백에 상처받고 있다면

고객대응 부서가 아니더라도 우리는 직장생활을 하면서 생각보다 많은 감정을 소모합니다. 그런데 왜 유독 직장에서 커뮤니케이션을 할 때는 이렇게 감정 소모가 크다고 느껴지는 걸까요? 여러 가지 이유가 있겠지만, 가장 큰 이유는 직장 내에서 이루어지는 커뮤니케이션이 긍정적인 언어로만 이루어지지 않기 때문입니다.

직장은 같은 취미를 가진 사람들이 모이는 동호회나 성격이 잘 맞는 친구들의 모임이 아닙니다. 직장에서는 다양한 직무의 사람들 간에 서로의 이해관계가 부딪히는 일들이 생길 수밖에 없죠. 그래서 직장에서는 커뮤니케이션 속에 부정적인 언어가 섞이는 경우가 빈번하게 일어납니다. 이것은 직장 동료나 상사에게서 오는 '피드백'일 수도 있고, 고객의 '컴플레인'일 수도 있죠.

직장생활을 하면서 부정적인 피드백이나 컴플레인을 들었을 때 상처받은 경험이 있나요? 만약 그렇다면, 나는 직장생활에서 듣는 말들이 '누구를 향하고 있는지'에 집중하고 있을 확률이 높습니다. 그래서 이것이 긍정적인 언어로 전달되었을 때는 괜찮지만, 부정적인 언어로 전달되었을 때는 나를 비난하거나 공격하는 것처럼 느껴져 감정이 상하거나 직장생활이 힘들다는 생각이 드는 거죠.

그렇다면 우리가 부정적인 언어에 상처받지 않는 방법은 무엇일까요?

첫째, 그 언어가 향하는 '사람'이 아니라 언어가 시작된 '이유'를 생각해봅니다.

그러면 알게 될 거예요. 부정적인 언어는 나라는 '사람'이 아니라 내가 하는 '일'에서 시작되었다는 것을요. 그것은 중요한 업무를 놓쳤기 때문일 수도 있고, 내가 담당하고 있는 서비스나 제품에 오류가 생겼기 때문일 수도 있고, 또 다른 이유 때문일 수도 있어요. 이때 우리가 기억해야 할 것은 이것이 결코 나라는 '사람'에 대한 문제가 아니라는 것입니다.

둘째, '이유'를 개선하기 위한 방법을 찾아 실행합니다.

중요한 업무를 놓치지 않기 위해 리스트를 작성하는 것, 서비스 퀄리티를 관리하는 프로세스를 만드는 것, 그 외에도 내가 하고 있는 일과 관련된 문제를 개선할 수 있는 방법이라면 무엇이든 좋습니다.

그리고 다시 한번 기억하세요. 직장생활에서 나에게 오는 부정적인 언어는 나에 대한 비난이 아니라 내가 하는 일, 내가 운영하는 서비스에 대한 것이라는 사실을요. 그리고 이것은 나의 업무 능력을 개선할 수 있는 좋은 기회가 될 수 있다는 것을요.

우리 모두 더 이상 부정적인 언어에 상처받지 맙시다.
우리의 감정은 소중하니까요!

베스트 댓글

제품의 결함 때문에 하루 종일 항의 전화에 시달린 CS담당자입니다. 제가 그 제품의 결함을 만든 게 아니에요…. 저에게 욕하지 마시고 문제가 왜 생겼는지부터 얘기해 보자고요!

#19

인식

어휴 이젠 햇볕이 너무 따갑네
저기 나무 그늘 밑으로 가요

우리나란 날씨가 왜 이런지
모르겠어요
덥든지 춥든지
좋은날은
얼마 안 되고
왜 그렇게
부정적으로
생각해

인식을 살짝만 바꿔도
우리나라만 한 날씨가 없지

나리 너 동남아나
북유럽 가고 싶어 하잖아
완전
가고싶죠

근데 우리나라는
그냥 가만히 앉아 있어도
동남아가 내게 오고

가만히 있어도
북유럽이 내게 오는 거잖아

앉아서 세계여행
한다고 생각해 봐
그럼 기분이 달라지지
오.. 생각해보니
그렇네요

띠링~

맛있는 점심을 먹고 들어와 자리에 앉는 순간, 사내 메신저가 경쾌하게 울렸습니다. '아차, 컴퓨터 소리를 안 끄고 갔었구나'라고 생각하며 메신저를 켜자 '조미애 본부장'으로부터 메시지가 와 있었습니다. 본부장님께 직접 메시지를 받은 건 처음이었기 때문에, 저는 긴장한 채 메시지를 클릭했습니다.

'지난번 회식 자리에서 해외 대학 나왔다고 들은 것 같은데, 혹시 내일까지 이것 좀 봐줄 수 있어요? 대표님이 요즘 신사업을 구상 중이신데 관련 논문을 좀 요약해달라시네. 번역기를 돌렸더니 영 어색해서.'

'네, 제가 한 번 살펴보겠습니다!'

나름대로 해외 생활을 오래 했으니 영어로 된 논문쯤은 아무것도 아니라고 생각하며 호기롭게 논문을 열었는데, 이건 무슨… 난생처음 보는 전문용어들에 숨이 턱 막혔습니다.

-10시간 뒤-

"광희 씨, 퇴근 안 해요?"

함께 사무실에 남아 있던 대리님이 맞은편 불을 끄면서 말을 건넸습니다.

"네, 저는 일이 좀 남아서요. 대리님은 오늘 왜 이렇게 늦게 가세요?"

"대외 사업팀에서 행사를 준비 중인데 부스를 어떻게 배치하면 좋을지 좀 봐달라고 해서요. 제가 예전에 비슷한 프로젝트를 진행했던 적이 있거든요."

"와, 그런 일까지 하시는 거예요? 힘들지 않으세요?"

"힘들긴 한데, 나름대로 얻는 게 있어서 괜찮아요."

"대리님 업무가 아닌데 얻는 게 있어요?"

저는 진심으로 의아하다는 표정을 지으며 물었습니다.

"네. 부스 배치를 도와주다 보니까 참여하는 파트너사들의 목적도 알게 되고, 우리 회사가 이 행사를 통해서 무엇을 얻을 수 있는지도 알게 되는데 그게 사업을 이해하는 데 꽤 도움이 되거든요. 제 업무에도 당연히 도움이 되고요. 지금은 오히려 제가 도울 수 있어서 잘됐다는 생각을 하고 있어요."

대리님의 대답을 듣는 순간 저는 머리를 한 대 맞은 것 같은 기분이 들었습니다. 신사업 관련 논문을 번역하는 일은 신사업에 대한 이해도를 높일 수 있는 일이 될 수 있는 것이었습니다.

당신의 선택은?

'오히려 좋아'라는 말을 들어보신 적이 있나요?

이것은 인터넷 방송에서 많이 사용되는 밈의 일종인데요. 직장생활이 쉽지 않다고 느끼는 분들이 꼭 기억했으면 하는 말이기도 합니다. 직장생활에서 마주하는 여러 가지 힘든 상황 속에서 긍정적인 면을 발견하게 만드는 말이거든요.

우리가 살면서 겪는 대부분의 일에는 긍정적인 면과 부정적인 면이 공존합니다. 그중에서도 직장에서 겪는 일들은 개인의 선택이 아닌 조직의 선택에 의해 발생하는 경우가 많기 때문에 부정적인 면이 더 크게 다가오죠. 원치 않는 부서 이동, 업무 변경, 리더 혹은 동료와의 갈등, 승진 누락 등이 바로 그런 경우입니다. 절대로 좋은 쪽으로 생각하기 어려울 것 같은 일들이죠. 그러나 이런 경우에도 긍정적인 면은 존재합니다.

예를 한 번 들어볼까요?

원치 않는 부서 이동이나 업무 변경이 되는 경우

⇨ 이것은 다양한 직무의 사람들과 관계를 맺고 새로운 업무를 배우는 좋은 기회가 될 수 있습니다. 모든 물건에 각자의 쓸모가 있듯, 모든 경험은 또 다른 경험과 만나 우리의 삶에 도움을 주기 때문이죠.

리더 혹은 동료와의 갈등이 생긴 경우

⇨ 이것은 나와 맞지 않는 사람을 만났을 때 어떤 식으로 커뮤니케이션해야 하는지를 배울 수 있는 좋은 기회입니다. 사회에서 나의 선택에 의해 가까워진, 나와 잘 맞는 사람들과는 경험하지 못했을 일이죠.

승진이 누락된 경우

⇨ 이것은 나에게 이 업무 혹은 회사가 잘 맞는지를 다시 한번 생각해보게 만드는 기회가 될 수 있습니다. 그리고 내가 더 열심히 업무에 임하는 계기가 되거나, 새로운 도전을 하게 만드는 계기가 되겠죠.

이렇듯 직장생활을 하면서 겪게 되는 힘든 일은 누군가에게는 '나쁜 일'이 되지만 누군가에게는 '오히려 좋은 일'이 됩니다. 그 일이 일어나는 건 우리의 선택이 아닐 수 있지만, 어떤 면을 볼 것인지는 우리의 선택이니까요.

오늘, 여러분은 어떤 선택을 하실 건가요?

베스트 댓글

저녁 회식아, 고마워. 덕분에 점심 회식이 이렇게 좋은 거라는 걸 알게 됐어.^^

#20

악몽

너무 이상한 거야
나 분명히 제대했는데
또 군대에 있는 거야
빨리 안튀어 와!!
이... 이상하다

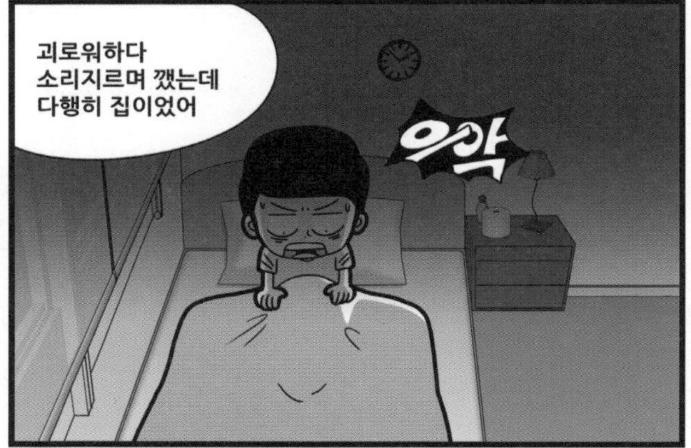
괴로워하다
소리지르며 깼는데
다행히 집이었어
으악

어후 제대한 지 몇년인데
아직도 군대 꿈을 꾸네요
그러게 말이야

나도 군대 악몽
많이 꿨었는데
네? 득점 선배도요?

대학 막 입학했는데
돈이 한푼도 없어서
길거리를 헤매다가
소리쳐
노래방
할매
오추워

잘 곳이 없어서
공원 벤치에서 오들오들
떨면서 잠이 들었지
덜덜덜덜

제가 생각하던 직장생활은 현실과 많이 달랐습니다. 그리고 제 동기들과 비교하면 더 고통스러웠죠.

-퇴근 시간-

마케팅팀은 야근이 전혀 없는지 매일 승화는 같이 퇴근하자고 물어보았습니다.

"장원아, 일 다 끝났어? 7시인데 퇴근하자!"

"아, 응… 그런데 나 오늘 하려던 일을 아직 못 끝내서…."

"어차피 우리 하루에 8시간 근무잖아! 신입사원 교육 때에도 칼퇴하라고 했으니까 얼른 가자~."

"아니야. 오늘 하던 업무를 마무리해야 내일 스케줄이 괜찮을 것 같아. 미안한데 먼저 가~."

"알겠어. 그럼 나 먼저 퇴근한다! 내일 보자!"

매일 정시에 퇴근하는 승화를 보면서 제가 일을 못 하는 것인지 자괴감이 들곤 했습니다.

-출근 시간-

우리 인사팀은 막내들이 제일 먼저 출근해야 하는 전통을 가지고 있습니다. 출근해서 한창 비품창고를 정리하던 중 승화와 마주쳤습니다.

"어, 승화야. 좋은 아침~."

"어, 장원아. 굿모닝! 지금 8시인데…. 대체 몇 시에 출근한 거야?"

"나 1시간 전쯤에 왔어! 집이 멀어서 일찍 출발하고 있어."

"어차피 우리 자율 출퇴근이라 11시까지만 오면 되잖아? 나처럼 좀 편하게 와. 일찍 오면 피곤하잖아~."

"아, 나도 그러고 싶은데 우리 팀원들은 항상 8시까지는 오더라고…. 신입사원이니까 더 일찍 해야 된다고 해서…."

-점심시간-

오늘은 입사 한 달 만에 공채 동기들과 다 같이 점심 식사를 하자는 이야기가 나왔습니다. 이에 사수인 태유 님에게 오늘 점심은 따로 먹겠다고 했는데 한 소리를 듣고 말았죠.

"태유 님, 오늘 공채 동기들이랑 같이 점심 식사 하고 오겠습니다."

"장원 님, 입사한 지 얼마나 됐다고 벌써 밥을 따로 먹어요? 아직 팀원들이랑 완전히 친해지지도 않았는데…. 난 최소 수습 기간 끝나기 전까지는 팀원들이랑 먼저 친해졌으면 좋겠어요."

"아… 네, 알겠습니다. 제가 생각이 짧았네요. 조언 감사합니다."

저는 조금 억지스러운 부분이 있다고 생각했지만, 승화에게 오늘 점심을 같이 먹을 수 없다고 말했습니다.

"승화야, 우리 인사팀은 수습 기간에는 팀원이랑만 같이 먹으라고 하셔서…. 오늘 동기들과 같이 식사하는 건 힘들 것 같아. 다음에 같이 먹자~."

"아, 그래? 그렇구나…. 알겠어, 그럼 다음에 저녁 같이 먹자!"

왜 유독 우리 팀만 이렇게 분위기가 안 좋은 것일까요?

상대적 박탈감 극복하기

입사 전 여러분이 생각하는 부서의 분위기는 어땠나요? 드라마 <미생>에서 나왔던 그런 분위기를 기대하셨나요? 아니면 동아리만큼 화기애애한 분위기를 기대하셨나요?

저는 첫 번째 직장을 게임회사에서 시작했는데요. 게임회사이기 때문에 자유로운 분위기, 수평적인 문화, 항상 게임처럼 즐겁게 일할 수 있는 곳을 상상하면서 입사했습니다. 하지만 그건 큰 오산이었죠.

게임회사 인사팀은 생각보다 훨씬 수직적이었습니다. 아침에 실장님이 출근하면 모든 팀원이 일어서서 "안녕하십니까?"라고 인사해야 할 정도로요. 그래서 저는 저희 팀이 회사에서 제일 분위기가 좋지 않은 부서인 줄 알았는데요. 실제로 어떤 팀은 야근을 강요하는 분위기인 곳도 있었고, 몇몇 부서는 팀장님의 개인 심부름까지 발 벗고 나서서 하는 조직도 있었습니다.

그 이야기를 듣고 저는 비교적 편한 팀에서 일하고 있다고 생각했고, 오히려 불만 없이 회사생활을 할 수 있었죠. 하지만 다른 사람과 비교하면서 위안을 얻는 것은 바람직하지 않습니다. 이 에피소드처럼 주변에서 내가 제일 힘든 것 같을 때에는 멘탈이 와르르 무너질 수 있기 때문이죠. 그러면 어떻게 건전하게 상대적 박탈감을 극복할 수 있을까요?

첫째, 회사의 장점을 리스트업 해보세요!

원래 인간은 불행하다고 느끼게 되면 부정적인 요소들만 생각하게 됩니다. 즉 자신을 행복하게 만드는 요소들은 아예 생각할 수 없게 되는 것이죠. 그래서 이러한 부분들을 직접 적어 보면서 두 눈으로 확인하게 되면 객관적으로 그것들을 상기하게 되고, 장점들도 많다는 것을 느끼며 부정적인 생각들을 떨쳐낼 수 있을 것입니다.

둘째, 내 업무에만 집중해보세요!

당연한 이야기처럼 들릴 수 있겠지만 다른 것에 일절 신경 쓰지 않고 자신의 일에만 집중하면 남들이 시야에서 사라지게 되면서 비교하지 않게 됩니다. 그러면 업무가 자연스럽게 잘되면서 고민하고 있었던 문제들도 하나, 둘 퍼즐처럼 풀려나가기 시작할 거예요. 처음에는 조금 힘들 수 있겠지만 본인의 업무에만 몰두해보세요.

셋째, 장기적 관점에서 생각해보세요.

지금 당장은 남들보다 힘들 수도 있겠지만 모든 사람의 인생에는 높낮이가 있습니다. 평생 행복하거나 불운할 수는 없거든요. 지금 당장은 내 모습이 남들에 비해 불행해 보일 수는 있지만, 과거에 있었던 일과 현재, 미래까지 생각해서 종합적으로 생각해본다면 잠깐의 시련이라고 생각할 수 있을 거예요.

자, 그럼 아래 빈 공간에 회사의 장점부터 한번 나열해볼까요?

회사의 장점

베스트 댓글

모든 것은 상대적이지만 본인의 삶을 남들과 비교하지 마세요! 남들과 계속 비교하다 보면 자괴감에 빠지더라고요.

#21

인사

진작에 찾아 뵈었어야 하는데
이제야 찾아 뵙습니다

자네 얘기는
형미에게 들었네

자네 우리 형미
행복하게 해줄 수 있겠나?

그건...

솔직히 약속드릴 수 없습니다
뭐!

부부란 누가 누구를
행복하게 해주는 관계가 아니라
서로 도우며 살아가는
관계라고 생각합니다

살다보면 힘든 일도 생길 테고
오히려 제가 형미 씨에게
도움을 받을 수도 있겠죠

• 성형미 과장은 성형수술의 후유증으로 얼굴에 표정이 없다.

이른 아침부터 차가운 공기 속에 긴장감이 감돌았습니다. 앞으로 1년 동안의 연봉이 오늘 사인 한 번에 결정되기 때문입니다. 그동안 저는 업무를 누락 없이 잘 수행해왔고 남들만큼 잘해왔으므로 큰 폭의 연봉 상승을 기대하고 있었습니다.

-점심시간 후 오후 일과 중-

나른한 오후 시간, 커피를 마시며 업무를 하고 있는데 인사실장인 다혜 님에게 메신저가 왔습니다.

"장원 님, 안녕하세요. 자리에 계신가요?"

"네, 다혜 님. 안녕하세요. 지금 자리에 있습니다."

"올해 연봉 협상 건으로 잠시 저랑 미팅 괜찮으신가요?"

"네, 지금 미팅룸으로 가겠습니다."

미팅룸으로 가니 다혜 님은 손에 연봉계약서 두 장을 들고 있었습니다.

"네, 장원 님. 이쪽으로 앉으시죠! 1년 동안 정말 고생하셨고, 올해 연봉계약에 대해 안내해 드릴게요."

저는 잔뜩 기대한 눈빛으로 다혜 님을 쳐다보면서 다음 이야기를 기다렸습니다.

"사실 이번에 기대하시는 만큼 연봉을 올려주지 못했어요. 작년 대비하여 5% 정도…."

"아… 생각보다 너무 적네요. 혹시 이유를 알 수 있을까요?"

"네, 장원 님. 솔직히 말씀드리면 다른 팀원들에 비해 업무 수행 능력이 조금 떨어졌고요. 너무 주어진 업무만 하는 경향이 있었어요. 다음번에는 조금 더 능동적으로 업무를 해주시길 바라겠습니다."

"아, 그런 이유가 있었군요…. 네, 알겠습니다. 다음번에는 신경 써서 해보겠습니다."

-자리로 돌아가며-

저는 매우 풀이 죽어 넋이 나간 모습으로 자리로 돌아왔습니다. '내가 왜 이런 결과를 받아야 하는 거야….' 그때 우리 팀의 엘리트로 인정받은 사수인 효상 님이 와서 무슨 일인지 물어보았습니다.

"장원 님, 무슨 일 있어요?"

"아, 네. 효상 님, 사실… 이번 연봉 협상 결과가 만족스럽지 않아서요. 저는 맡은 업무 실수 없이 다 잘했다고 생각했는데…. 아무리 생각해봐도 도무지 납득이 되지 않네요."

"음, 장원 님. 아마 첫 연봉 협상인데 기대하는 만큼 연봉 상승이 이루어지지 않아 많이 실망하신 것 같네요. 우선 객관적인 관점에서 말씀드리자면, 지금 맡은 업무를 실수 없이 하는 건 솔직히 기본 중의 기본이에요. 그 외 프로세스를 개선한다든지 기존 건에 대한 개선안을 제시한다든지 추가적인 성과가 있어야 잘 인정받을 수 있을 거예요! 사실 누구든 그 자리에서 업무를 하면 일이 멈추지 않고 돌아가게 하는 건 할 수 있거든요. 그래도 너무 실망하지 마세요! 이건 진짜 비밀이지만… 저도 첫 회사에서 진행한 연봉 협상에서는 3%밖에 안 올랐었어요. 저도 처음에는 자기 객관화가 잘되지 않았었거든요."

효상 님의 말을 들어보니 그동안 저 자신에 대해 너무 관대하게 평가했던 것 같았습니다. 이 일을 계기로 저를 다시 객관적으로 진단해보기 시작했습니다.

가끔은 자기 객관화도 필요합니다

여러분의 고과(평가)에 대해 들어보셨나요? 일반적으로 회사에서는 1년에 적게는 한 번, 많게는 4번 정도의 평가를 진행합니다. 그 평가를 바탕으로 내년 연봉을 결정하게 되는데요. 부끄럽지만 저도 이 사례처럼 첫 고과를 잘 받지 못했습니다. 자기 객관화가 많이 부족했었고 마냥 희망회로만 돌렸던 것 같아요. '신입이라 연봉이 높지 않고, 1년 적당히 일했으니까… 최소 15~20%는 올려주지 않을까?' 이런 생각들이요.

하지만 현실은 냉정한 법! 실제로 제가 한 업무만큼 고과를 받았고, 연봉 인상은 형편없었습니다(당시에는 그렇게 생각하지 않았지만요). 회사는 이유 없이 여러분에게 높은 연봉을 약속할 이유가 없습니다. 회사는 이익을 창출하기 위한 공동의 목표를 가진 집단이고, 여러분이 회사에 이익이 되지 않는다면 고용할 필요도 없어집니다.

하물며 대체 불가능한 인재가 아닌데 높은 연봉을 약속할까요? 다시 한 번 더 말씀드리지만 회사는 무조건 연봉을 올려줄 이유는 없습니다. 그 이유를 여러분이 성과를 통해 만들어야 합니다.

만약 여러분도 예전의 저처럼 근.거.없.는. 희망 회로만 돌리고 있다면 다음과 같은 방법들을 추천합니다.

첫째, SWOT 분석을 통해 객관적으로 자신의 경쟁력을 진단해보세요!

SWOT 분석은 강점(Strength), 약점(Weakness), 기회(Opportunity), 위기(Threat)의 앞 글자를 딴 분석 방법으로 자신의 강점과 약점, 환경적 기회와 위기를 열거하여 효과적으로 분석할 수 있습니다. 처음에는 다소 시간이 걸릴 수 있지만 자신을 보다 더 객관화할 수 있는 방법이 될 것입니다.

둘째, 본인의 매니저에게 본인에 대한 평가를 솔직하게 물어보세요.

사실 아무리 수평적인 조직이라도 본인의 매니저를 편안하게만 생각하는 사람은 없을 겁니다. 하지만 매니저는 평가하는 사람이기 때문에 여러분 자신보다 여러분을 더 객관적으로 바라보고 있을 확률이 높습니다. 그리고 매니저들은 회사생활의 경험이 많기 때문에 어떠한 부분을 보완해야 하는지 더 잘 알고 있기도 하고요. 이런 요청을 안 좋게 생각하는 매니저는 없을 겁니다. 오히려 개선하려는 노력이기에 더 좋게 생각하겠지요.

셋째, 본인과 적당히 친분이 있는 동료에게 피드백을 받으세요.

친분이 거의 없는 직장 동료는 솔직한 피드백을 해주기 어렵습니다. 반면 적당한 친분이 있는 동료는 부담 없이 솔직하게 여러분을 평가할 수 있죠. 매니저에게 묻기 어렵다면 동료에게 물어보세요.

넷째, 주기적으로 자신의 이력서를 업데이트해보세요.

이직을 위한 이력서 업데이트가 아닌 본인이 한 업무들을 주기적으로 정리하다 보면 내가 어떠한 업무를 새로 배웠고 얼마나 일을 수행했는지에 대해 확인이 쉬워집니다. 최근에는 링크드인(LinkedIn)이라는 플랫폼이 활성화되면서 자신의 이력을 주기적으로 업데이트하는 직장인들이 많아지고 있습니다. 이력서를 업데이트하면서 자신과 비슷한 연차의 사람들과 비교해보면 자신의 이력을 객관적으로 바라볼 수 있을 거예요.

자, 그럼 다음 공간을 활용해서 여러분의 SWOT 분석부터 시작해볼까요?

나의 SWOT 분석

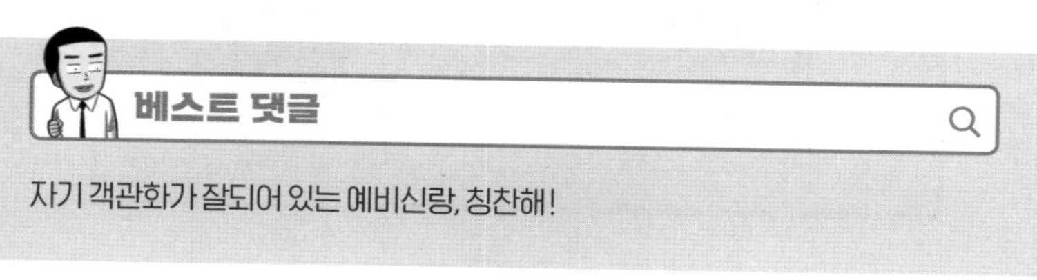

#22

통제감

어제 스트레스 풀려고
술을 먹었더니 오늘 죽겠네
술로 스트레스 풀지 말고
나처럼 게임으로
스트레스 풀어

근데 희한하네요
게임도 만만찮게 어려운데
왜 업무를 하면 스트레스가 쌓이고
게임을 하면 스트레스가 풀리죠?
아 그거

엊그제 기사에서 읽었는데
그게 통제감 때문이래
통제감이요?

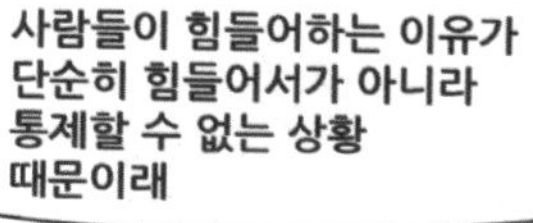

사람들이 힘들어하는 이유가
단순히 힘들어서가 아니라
통제할 수 없는 상황
때문이래
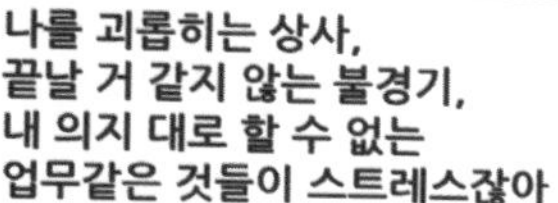

나를 괴롭히는 상사,
끝날 거 같지 않는 불경기,
내 의지 대로 할 수 없는
업무같은 것들이 스트레스잖아

그런데 게임 속 세상은 내가 통제할 수 있잖아
비록 실력에 따라 성과는 차이가 있을 수 있지만
충분한 노력을 기울이면 클리어 할 수 있다는 확신도 있고
아~ 그렇구나
나도 게임이나 해볼까?

통제감이라...
그래서 요즘 박 과장님에 대한
스트레스가 덜한건가?
네? 정말요?

주요 경영층이 참석하는 회의 준비를 맡고 있던 신입사원 시절의 이야기입니다.

"이 부분은 이렇게 바꾸자."

"이렇게 작성하면 안 돼. 이 부분은 저렇게 바꾸도록 해."

그 당시 가장 고달팠던 순간은 다단계의 보고를 거칠수록 제가 작성한 자료가 휙휙 바뀐다는 것이었습니다.

제가 신입이던 시절 근무하던 회사는 꽤 규모가 큰 기업이었습니다. 그랬기에 제가 모시는 분들도 많았고, 보고 단계도 많을 수밖에 없었습니다. 팀장님을 거쳐, 부장님, 그리고 상무님, 부사장님 등등 최소 4명의 오케이를 받아야 회의에 제가 작성한 보고서가 오를 수 있었습니다. 그런데 이게 전부가 아니었어요. 생 신입이던 시절에는 저 자신을 믿을 수 없어 사수인 선배에게도 괜찮은지 봐달라고 부탁했습니다(라고 쓰고 '졸랐습니다'라고 읽습니다). 그럼 5명이 되는군요.

초반에는 보고를 거칠수록 요구되는 보고서의 수정에도 딱히 기분이 상하진 않았습니다. 저 스스로도 부족한 신입이라는 자각을 하고 있었거든요. 하지만 서당개도 삼 년이면 풍월을 읊는다고, (삼 년은 아니지만) 몇 개월 동안 정례적인 업무를 수행하다 보니 업무에 익숙해지고 노하우가 늘어나는 걸 느끼게 되었습니다. 정말 건방진 얘기지만, 보고 없이도 저 혼자 해낼 수 있을 것 같은 근자감이 샘솟았습니다.

근자감이 극도의 스트레스로 되기까지는 얼마 걸리지 않았습니다. 자신감을 가지고 작성한 보고서가 보고를 거치면 거칠수록 초반과는 굉장히 다른 모습으로 바뀌어 갔습니다. 보고 시 요구되는 수정 사항에 따라 보고서를 다시 작성하고 있을 때면 자괴감에 빠졌습니다. 저 자신이 부정당했다는 느낌이 들었거든요.

그 후로 보고를 하기 전까지 저는 극심한 스트레스에 시달리게 되었습니다. 스트레스를 받으니 보고서도 잘 써지지도 않았어요. 완벽하게 작성해야 한다는 강박감에 '쓰고 지우고'가 반복되었습니다. 그렇게 멍한 상태로 시간을 허비하고, 데드라인이 다가오니 허겁지겁 해치우는 게 일상이었어요. 어리바리 써간 보고서의 퀄리티가 얼마나 좋았겠어요. 보고서 못 썼다고 혼나고, 수정할 시간 없다고 더 혼나고, 보고 늦게 해서 또 혼났습니다.

스트레스는 내가 통제할 수 없는 상황에서 생긴다

그때 깨달았어야 했어요. 보고서는 하나의 작품이고, 작품을 보는 사람의 취향은 정말 다양하다는 것을…. 정말 뛰어난 예술품이더라도 사람의 취향에 따라 선호도가 달라지곤 하잖아요? 논리와 핵심이 있는 보고서를 뛰어난 예술품에 비유하고 싶은데요. 잘 작성된 보고서라고 해도 보고받는 사람에 따라 수정될 부분이 생기는 것 같습니다. 보고받는 사람이 많으면 많을수록 보고서에 대한 수정 사항도 많아질 수밖에 없다고 생각합니다.

물론 제가 지금 보고서 작성의 고수가 된 건 아닌데요. 지금의 제가 그때로 돌아간다면, 보고서는 잘 못 쓸지언정 스트레스는 덜 받을 자신이 있습니다. 사람마다 성향이 다르고 보고서를 작성하는 스타일이 다르기 때문에 조금이라도 수정 사항은 생길 수밖에 없다고 생각하기 때문이죠.

제가 신입사원 때 작성했던 보고서의 퀄리티는 당연히 떨어졌을 테지만, 1차 보고를 끝낸 후에 어느 정도 퀄리티는 올라갔을 거예요. 그 이후는 바라보는 관점과 성향 차이로 인한 수정 사항이었을 게 분명합니다.

지금 생각해도 정말 갑갑한 상황이긴 한데, 이 상황들은 제가 통제할 수 있었던 상황이 아니거든요. 사람은 통제할 수 없는 상황에서 불안을 느끼고 스트레스, 우울감을 느끼곤 합니다. 2020년 한국심리학회지의 상담 및 심리치료 연구에서 코로나19 바이러스 감염에 대한 일반 대중의 두려움과 심리적·정신적 경험이 우울과 불안에 미치는 영향을 조사한 결과, 불안이 높은 집단은 통제할 수 없는 팬데믹 상황으로 인해 '삶의 질이 낮다', '평소 갖고 있던 고민이나 심리적 어려움이 커졌다'고 밝혔습니다.

팬데믹 상황과 비교할 정도의 심각한 상황은 아니지만, 보고를 받는 상사의 의견 또한 제가 어찌할 수 없는 상황임은 분명합니다. 보고 과정에서 상사의 요구는 언제나 있을 테니, 그 상황은 그대로 받아들여야 합니다. 통제할 수 없는 상황, 그러니까 주어진 상황에서 내가 할 수 있는 일에만 집중하면 마음이 한결 편해집니다.

저는 다단계 보고 아래 끊임없는 보고서 수정이라는 상황에서 제가 통제할 수 있는 일을 파악했습니다. 보고서 작성에 속도를 내어 최대한 1차 보고를 빨리 시작하는 것입니다. 상사의 피드백으로 인한 추가 수정은 제가 통제할 수 없는 부분입니다. 1차 보고를 빨리 하여 내가 통제할 수 없는 일을 처리하는 시간을 확보하는 것이 제가 통제할 수 있는 일입니다.

사실 인생은 스트레스와 고난의 연속이라고, 이렇게 매번 마인드컨트롤을 해도 스트레스는 계속 생기는 것 같습니다. 그럴 땐 어떻게 하냐고요? 보고서라는 도자기를 제가 처음으로 빚고, 보고받는 분들과 다 같이 유약을 바르고 채색을 하고 있다는 생각을 합니다. 보고서는 나만의 것이 아닌 여러 사람과 만들어가는 작품이라고 생각하면서요.

베스트 댓글

백지장도 맞들면 낫다. 보고서 작성 또한 그렇다.

중요한 거니까 딱 한 번만
말해준다고 하더라고
네? 중요한 거면
여러 번 가르쳐 줘야지
왜 한 번만 말해줘요?

그게 다 신입 군기잡는다고
그러는 거였어
정신 똑바로 차리라고
아...
Fancy &
Delicious
& We are alive
Beeren is serendifity

그때 속으로 생각했지
난 신입을 받으면 중요한 일은 여러 번 반복해서
친절하게 설명해줘야겠다
Beeren is serendifity

그런데 마탄이가 한 번만 알려주면
척척 배워서...
아...
Beeren is serendifity
FRESH F
&FUN

맞아 다들 회사문화가
왜 안 바뀌나 불평들 하지만
그렇게 불평할 시간에
상식이처럼
나는 잘하고 있나
돌아봐야 돼

상식이처럼 내 대에서 끊는다는
마음들만 있으면
조직문화는 금세 바뀌겠지
Beeren is serendi

입사한 지 한 달, 벌써 회사생활이 힘들었습니다. 랜딩서포터라는 거창한 이름을 달고 있는 제 사수는 업무를 제대로 가르쳐줄 생각은 없어 보이고, 본인 일을 떠넘기기 바빴습니다. 뭐 하나 해보려고 하면 시스템이 말을 듣지 않고, 보고 절차는 왜 이렇게 또 복잡한지 업무 시간의 절반은 보고자료를 만드는 데 쓰는 느낌이었습니다. 타 부서와의 커뮤니케이션도 녹록지 않은데, 협조 요청을 하려고 하면 모든 부서가 우리 업무 아니라고 날을 세우는 것 같습니다.

마침 오늘은 함께 입사한 입사 동기들과의 저녁 모임이 있습니다.

'다들 잘 지내려나?' 역시나 한자리에 모이자마자 서로의 고충을 토로하기 바빴습니다.

"회의가 너무 많아. 내가 꼭 들어가야 할 회의인지 모르겠고…."

"업무 프로세스가 진짜 복잡해. 거쳐야 할 보고 단계가 너무 많아서 혼란스러워."

"시스템이 너무 오래돼서 효율이 떨어지는 것 같아."

"유관부서와의 커뮤니케이션도 정말 쉽지 않아. 담당자를 찾는 것부터 힘들어."

"나는 사수랑 대화하는 것도 너무 어려워. 너무 바빠 보여서 말을 못 꺼내겠어."

그러던 중 혼자 조용히 있던 동기 중 한 명이 입을 뗐습니다.

"음… 맞아. 그래서 나는 이 상황을 좀 바꿔 보고 싶어."

모두 다음 말에 집중했고, 동기는 차분히 다시 말을 이어갔습니다.

"우리가 공채 1기로 이 회사의 첫 신입사원들이잖아. 그동안 경력만 뽑다 보니 신입사원들이 어떤 부분을 힘들어하는지 잘 모르시는 것 같아. 신입사원을 위한 온보딩 프로그램이 있다면, 우리의 고충이 어느 정도는 해소되지 않을까? 앞으로 입사할 공채 2기를 위해서도 그렇고."

하나둘씩 다시 입을 뗐습니다.

"맞아. 신입사원을 위한 매뉴얼이 있거나 현업 OJT가 좀 더 체계적으로 진행됐다면 지금보다는 적응이 쉬웠을 것 같아. 지금 우리가 힘들어하는 대부분이 프로세스나 시스템에 관한 거잖아."

"그럼 우리가 한 달간 가장 힘들었던 부분을 쭉 정리해보고, 그걸 보완할 수 있는 신입사원을 위한 제도나 가이드를 만들어볼까?"

"나는 신입사원들을 위한 1 on 1 미팅권이 있었으면 좋겠어! 누구든지 붙잡고 궁금한 부분을 물어보거나 조언을 구할 수 있는, 신입사원들만의 특권을 주는 거지."

"오, 좋다! 그리고 기본적인 업무 프로세스나 품의 작성법, 시스템 사용법 관련된 매뉴얼도 만들어보자. 마침 우리가 각 부서에 포진해 있잖아! 우리만의 TFT를 만들어서 신입사원 온보딩 프로그램을 짜보자. 공채 2기들은 우리와 같은 어려움을 느끼면 안 되잖아."

"갑자기 우리 되게 멋있는 선배가 된 것 같다. 왠지 모르게 에너지가 생기는데? 우리 그러면 매주 한 번씩 모여서 온보딩 프로그램을 구체화해보자! 인사팀에도 협조 구해보고."

상황을 바꾸기 어렵다면, 나부터!

이 에피소드의 한 동기가 내뱉은 "상황을 바꿔보고 싶어"라는 말 한마디의 위력을 느끼셨나요? 이 한마디를 내뱉기 전과 후, 동기 모임의 분위기는 어떻게 다른가요? 체계도 없고 시스템은 노후한, 직원들은 불평과 불만으로 가득한 문제 많은 회사에서 나의 경험과 전문성을 발휘하여 어디엔가 긍정적인 영향력을 펼칠 수 있는 발전 가능성 있는 회사로 순식간에 바뀌었습니다. 이 한 끗 차이는 '내가 해볼까'라는 솔선수범의 태도로부터 시작됩니다.

직장생활을 하다 보면, 입사 전 기대했던 부분과는 많이 다른 현실에 실망 또는 좌절하게 될 수 있습니다. 뭔가 마음에 들지 않았던 한 부분에서 시작해 회사 전체가 싫어진다면 상황은 더욱 빠르게 악화될 것입니다. 내가 이 조직에 적응할 수 없는 이유들만 끊임없이 보이고 자꾸만 외부의 조건과 상황 탓을 하게 되기 때문이죠. 그런데 이 부정적인 상황을 새로이 보고, 변화시킬 수 있는 단 한 사람은 바로 나 자신입니다.

'계란으로 바위 치기 아닌가?'라고 생각하시는 분도 계실 것입니다. '한 사람의 생각과 행동으로 거대한 조직이 변화할 수 있을까' 하는 의문이 드실 수도 있을 것 같습니다. 그러나 무언가를 당장 혁신해야 한다고 너무 거창하게 생각하지는 마세요. 변화는 지금 내가 겪는 불편함을 다른 사람은 겪지 않았으면 하는 마음에서 출발하는 것이니까요.

예를 들어, 사무실이 너무 조용해 짧은 대화를 할 때조차 신경이 쓰인다면, 집에 있는 작은 블루투스 스피커를 가져다가 잔잔한 음악을 틀어보는 겁니다. 혹은 매일 아침 출근을 하며 옆자리의 선배에게 스몰토크를 먼저 건네볼 수도 있겠죠. 사무실에서 서로 편안하게 대화하는 분위기를 만들기 위해서요.

또, 업무 외적으로 다른 부서와 커뮤니케이션 할 수 있는 기회가 많지 않아 아쉽다면, 매주 혹은 매월 한 팀씩 정해 점심시간을 함께해보는 것도 방법이 될 것 같습니다. 생각한 만큼 즐겁고 유의미한 시간이 되었다면, 다른 팀과 점심을 함께하며 나눈 이야기와 느낌을 주변에 공유해보면 좋겠죠. 다른 부서도 하나둘씩 시도해볼 수 있도록요.

작은 변화이지만 '나부터' 할 수 있는, 나만의 개선 방법을 찾아 행동으로 옮겨보세요. 혼자 실행이 어렵다면, 이 에피소드처럼 주위 동료들과 힘을 합쳐보는 것도 방법이 될 수 있습니다. 현재 나의 어려움을 해결하고자 변화를 시도한 결과가 미래 나의 후배에게, 나아가 조직에 긍정적인 영향력을 미치고 있음을 느끼는 것은 굉장히 짜릿한 경험이 될 것입니다. 동시에 그 경험은 나 스스로의 성장을 위해서도 아주 좋은 자양분이 될 것이고요.

베스트 댓글

저런 선배만 있다면 세상은 평화롭겠지. 나부터 잘하자.

이사 가야 될 거 같아
왜요?

이번에 월세가 너무 올라서
아
훅

원래 내가 살던 동네가 외지고 집값도 싼
조용한 동네였거든
근데 최근에 핫플레이스가 되면서
방값이 올랐어
젠트리피
케이션이군요

젠트리피케이션?
도시 외곽의 한적한 동네에
힙스터들이 몰려들어 핫해지면
임대료가 오르고 기존에 살던
원주민들이 쫓겨나는 걸 말해요
흣

사실 저도 젠트리피케이션
당한 적이 있는데
응? 마탄이
너도?

원래 회사 구석의 조용하고 한적한 곳이었는데
마탄씨

스트레스가 심해 위경련을 달고 살던 시절의 이야기입니다.

"이렇게 이기적으로 업무할 거야?"

미숙한 대응으로 사무실이 떠나가도록 꾸중을 듣기도 했습니다.

"아니, 이걸 왜 이렇게 진행하려고 하는 거야?"

상사분들과 의견이 맞지 않아 혼나기도 했습니다.

그때는 긴박한 업무의 연속이었습니다. 그래서 매일이 전쟁 같은 긴장 속에 놓여 있던 것 같습니다. 내내 긴장해 있다가 이슈가 해결되면 긴장이 풀리고, 또다시 긴장하고 해결되면 축 늘어지고.

혼자 있고 싶습니다. 모두 나가주세요

많은 분이 공감하실 텐데요. 원래 통증은 긴장할 때 오지 않잖아요. 꼭 위경련은 긴장이 풀리고 나서야 도졌습니다. 한동안 '긴장-위경련'의 과정을 거치다 보니 '이렇게 긴장하며 살면 안 되겠다'는 생각이 들었습니다. 긴장을 안 할 순 없겠지만, 최대한 긴장을 안 하고 싶었습니다. 그래야 위경련도 덜 올 것 같았거든요. 긴장을 풀기 위해 여러 방법을 시도해보았습니다.

가장 먼저 시도한 건 차분한 음악을 들으며 업무를 수행하는 것이었습니다. 그러나 이 방법은 얼마 가지 못했습니다. 양쪽 귀를 막고 이어폰으로 음악을 들을 때면 저를 찾는 선배들이 많더라고요. 그래서 한 쪽으로만 듣게 되었는데, 이어폰을 낀 쪽의 귀의 청력 상태가 (기분 탓이겠지만) 안 좋아지는 것 같고, 음악의 스테레오를 느낄 수 없어 포기했습니다.

두 번째로 시도한 건 점심시간에 혼자 밥을 빠르게 먹고, 휴게실에서 낮잠을 자는 것이었습니다. 오래 지속됐다면 상당히 효과가 있었을 방법인 것 같습니다. 다들 낮잠이 좋은 건 알고 계시잖아요? 그런 면에서 볼 때 시에스타[11] 문화 정말 부러워요. 어찌 됐든, 혼밥 후 시에스타도 오래 가진 못

---

11 라틴아메리카 등지에서 이른 오후에 자는 낮잠 또는 낮잠 자는 시간. 이탈리아·그리스 등의 지중해 연안 국가와 라틴아메리카의 낮잠 풍습을 말함. 한낮에는 무더위 때문에 일의 능률이 오르지 않으므로 낮잠으로 원기를 회복하여 저녁까지 일을 하자는 취지임

했습니다. 저랑 밥을 먹고 싶어 하시는 분들이 정말 많았거든요(이놈의 인기란). 혼밥을 할 때는 매점에서 사온 컵밥으로 대충 때워서 밥을 먹는 시간이 굉장히 짧았는데, 동료들과 함께 먹으니 점심시간이 홀라당 지나가 버렸습니다. 자연스럽게 시에스타의 시간은 확보하지 못했어요.

세 번째로 시도한 건 군것질하기였습니다. 달달한 것을 섭취하는 것이야말로 큰 행복이라 이 방법을 선택했는데, 이것 또한 오래 가지 못했습니다. 마음은 물론 몸까지 여유로워져서 옷을 맞지 않더라고요.

이쯤 되면 포기할 만한데도, 저는 제 위 건강을 지키고 싶었습니다. 그때 당시 한창 유행한 게 케렌시아12라는 용어였습니다. 케렌시아는 스페인어로 스트레스와 피로를 풀며 안정을 취할 수 있는 공간을 뜻합니다. 여기저기서 떠들어대는 케렌시아에 감명받은 저는 회사에서 나만의 케렌시아를 만들고 싶었습니다. 그래서 휴게실로 갔습니다.

휴게실은 좋았습니다. 꽤 쾌적했고, 무엇보다 잠깐 몸을 뉠 수 있는 소파와 침대까지 있었습니다. 긴장된 몸을 풀기에 적격인 곳이라고 생각했습니다. 그러나 휴게실은 모두의 케렌시아였습니다. 저만의 케렌시아가 아니었던 것이죠. 모두의 휴식 시간은 같은 시간대인 것인지, 휴게실에서는 혼자 온전히 쉴 수는 없었습니다. 잠깐 소파에서 누워 있을 수 있는 건 좋았지만, 저는 혼자 있을 곳이 필요했습니다. 긴장이 가득한 사무실에서 벗어나 혼자 숨을 돌릴 곳이 필요했습니다.

---

12 서울대 소비트렌드 분석센터에서 선정한 2018년 대한민국 소비 트렌드 중 하나이며, 『2018 트렌드 코리아』에서 소개한 개념

그런 의미에서 휴게실은 케렌시아가 될 수 없었고, 그렇게 방황하던 중 저는 케렌시아를 발견하게 되었습니다. 그곳은 바로 화장실이었습니다. 아르키메데스가 유레카를 외친 것처럼 저도 어쩌다 우연히 화장실이 케렌시아가 될 수 있다는 사실을 발견하게 되었습니다.

외향성, 내향성이라는 말이 있잖아요. 외향성은 사람들 속에서 에너지를 얻는 것이고, 내향성은 혼자 쉬면서 에너지를 얻는 것이라고 합니다. 저는 외향성과 내향성이 딱 반반인 사람인데요. 회사에서 외향적으로 지내지만, 컨디션이 좋지 않거나 체력이 떨어질 때면 혼자 있고 싶어 하는 내향성의 순간이 찾아오곤 합니다. 그리고 이럴 때 한 번씩 실수하는 순간이 오더라고요. 그럴 때는 기분이 썩 좋지는 않지만, 이 기분을 얼른 털어내야 다음 업무에 지장이 가지 않습니다.

신입 시절, 컨디션 난조로 업무에 집중이 되지 않았던 날이 있었는데, 그래서 그런지 실수를 하고 말았습니다. 그때 머릿속에 갑자기 떠오르는 노래가 있었는데, 바로 비스트(그 당시 비스트, 지금은 하이라이트)의 '이럴 줄 알았어'였습니다. '화장실 갈 때 한번 듣고 와야지'라고 생각을 했고, 다짐을 실천하기 위해 화장실 칸에 들어가 이어폰으로 그 노래를 듣는 순간, 저는 깨달았습니다. 사방이 막힌 이 공간, 이곳이 바로 나의 케렌시아라는 것을요.

바쁜 일상 속, 잠깐의 일시 정지는 꼭 필요하다고 생각합니다. 잠시 한숨을 돌리는 것만으로도 릴랙스되거든요. 사무실에서 눈을 감고 심호흡을 하는 것, 화장실 칸에 들어가 귀를 막고 차분한 음악을 들어보는 것, 옥상에 올라가 시원한 바람을 쐬는 것. 잠시 멈춤의 방법은 많고, 자신에게 맞는 방법을 발견하는 것도 흥미로운 과정인 것 같습니다.

신입사원 여러분, 내향성 모멘트가 강력하게 필요할 때, 실수로 기분이 좋지 않을 때, 나만의 방법으로 기분을 전환하고 에너지를 충전하는 것, 어떠세요?

베스트 댓글

남의 회사 열 휴게실보다 내 회사 한 화장실이 낫다.

가우스전자

PART 4

상사병 예방

#25

독대

위잉

어느 부서에
근무하는 누군가?

네 마케팅 3부에
근무하는 백마탄
입니다

이렇게 회장 독대하는 것도
흔한 일은 아닐 텐데
혹시 뭐 부탁할 거 있음
한 번 해봐

회사에서 스몰토크가 필요한 상황은 매우 다양합니다. 앞서 웹툰에서와 같이 엘리베이터 안에서 갑작스럽게 상사와 단둘이 남겨지는 상황이 올 수도 있고, 퇴근길 지하철을 함께 탄 동료와 어색한 분위기를 환기할 때 사용할 수도 있습니다. 사실 외향적인 분들은 이러한 상황도 능청스럽게 대처하고, 오히려 반가워할 수도 있겠습니다. 그러나 소위 말하는 '반외향 반내향 인간'인 저에게는 쉽지 않았고, 특히나 모든 게 낯설어 부자연스럽게 움직였던 신입사원 시절엔 더욱 어렵게 느껴졌습니다.

스몰토크 시작 전 가장 먼저 이뤄져야 할 작업은 '이 사람이 나와 대화하고 싶어 하는가?'를 파악하는 것입니다. 제 신입사원 시절 이야기를 하나 들려드리겠습니다. 점심시간이 되자 모두 옹기종기 모여 떠들썩하게 이야기하고 있었는데요. 대화에 참여하지 않고 묵묵히 식사만 하는 팀원이 한 분 있었습니다. 저는 마침 그분과 친해지고 싶었기에 몇 가지 질문을 연속적으로 던졌지만 돌아오는 답변은 미미하더라고요. 당시엔 '나랑 이야기하기 싫은가?'라고 의기소침했었죠. 지금 와서 생각해보면 대화 시작 전 이분의 참여 의지를 확인하는 작업이 선행되지 않았고, 제가 하고 싶은 이야기만 계속 던졌던 게 조금 불편하게 느껴졌을 수도 있을 것 같습니다.

스몰토크 잘 이어 나가는 법

이때를 교훈 삼아 본격적인 스몰토크 시작 전 수행되어야 할 작업 리스트를 다음과 같이 고안해봤습니다. 저의 경험에 빗대어 제작한 것이다 보니 모든 상황에 통용되지 않을 수 있기에 재미로 가볍게 봐주시면 감사하겠습니다.

1. "안녕하세요?"라고 먼저 인사하며 눈을 마주칩니다(혹 이미 아침에 인사를 한 상황이라면 다른 가벼운 질문을 던져보세요).

2. 내 인사를 어떻게 받아주는지, 한 발 뒤로 물러서진 않았는지 파악합니다.

3. 2초 정도는 가만히 기다립니다. 말하기를 좋아하는 사람이면 먼저 말할 것입니다.

4-1. (상대가 대화하기 힘든 상황이거나, 대화를 피하는 눈치면) 넣어두었던 휴대폰을 다시 꺼냅니다.

4-2. (그렇지 않아 보인다면) 상대에게 말을 건넵니다.

어색한 상황에서 대화의 물꼬를 먼저 트기란 쉽지 않습니다. 이러한 상황에서 저는 주로 다음과 같은 주제로 대화를 시작하곤 합니다.

- **(이동 중 만난 거라면) 행선지 묻기**

  "올라/내려가시나요?

  "몇 층 가시나요?"

  "어디 가시나요?"

- **안부 묻기**

  "잘 지내고 계시나요?"

  "요즘 바쁘시죠?"

대화를 이어 나가다 보면 여기까지만 해도 시간이 어느 정도 지나갔을 것입니다. 하지만 가끔 그럼에도 시간이 여유롭게 남는 경우가 종종 있습니다. 그럴 땐 다음 주제로 더 이야기해보는 걸 추천합니다.

• **날씨 이야기**

응용 예제 : "추위/더위 많이 타시나 봐요."

• **스타일에 대한 이야기**

단, 패션에 신경을 쓰는 듯한 사람에게만!

• **식사 여부**

(오전일 경우) "아침 드셨어요?" 또는 "점심 뭐 드실 거예요?"

(오후일 경우) "점심 뭐 드셨어요?"

• **과거 업무 관련 연락을 한 적이 있는 사이라면**

"그때 일은 잘 마무리되셨나요?"

이외 아이스브레이킹 차원에서 다음 주제를 던지는 것도 방법입니다.

• **취미**

"요샌 골프, 캠핑 등이 인기가 많더라고요."

• **맛집 추천**

사람들 눈에 바로 생기가 도는 순간! 우리나라 사람들은 참 맛집에 진심입니다.

→ 취미와 맛집 추천 주제 모두 "주말에 뭐 하세요?"와도 연결됩니다.

• **거주지**

맛집 추천으로 연결될 여지가 있습니다.

참고로 다음 두 가지 주제에 대해선 가급적 이야기하지 않는 걸 권장합니다.

• **연애 등 사생활 이야기**

(물론 윗사람들이 가장 관심을 갖고 재미있게 듣는 이야기이긴 하지만… 솔직히 너무 TMI이고 자주 하면 상대에게 좋지 않은 인상을 주는 듯합니다.)

• **정치, 종교 및 그 외 논쟁의 여지가 있는 사회 이슈**

사실 원활한 스몰토크를 위해 어떤 말을 할지 고민하기보다는 상대의 말을 잘 듣는 게 훨씬 중요합니다. 상대가 말하는 내용에서 그 사람의 관심사를 파악할 수 있고, 이는 곧 대화를 유지하기 좋은 소스가 되기 때문입니다. 그렇기에 경청은 아무리 강조해도 지나치지 않습니다.

상대의 말을 잘 듣기 위해서 '열린 질문'을 던지는 것입니다. '예/아니오'로 끝나는 질문을 할 때보다 대화를 이어 나가기에 매우 수월합니다. 그리고 상대가 대화를 주도적으로 이끌게 되는 계기가 됩니다.

마지막으로 앞의 내용을 모두 잊어도 단 하나 꼭 기억해야 할 사항이 있습니다. 바로 인사는 무조건 잘해야 한다는 것입니다. 회사 건물 안에서 만나는 사람은 곧 우리 회사 사람입니다. 그러니 모르는 사람이어도 일단은 인사하고 봅시다.

스몰토크를 잘하면 어색한 관계를 완화하고 상대에게 좋은 인상을 남길 수 있습니다. 뿐만 아니라, 서로에 대해 더 잘 알 수 있고 향후 좋은 관계를 쌓는 씨앗이 됩니다. 그러니 스몰토크가 잘 마무리되었다고 생각되면 용기를 내어 "조만간 밥 한번 먹어요"라고 말을 건네며 대화를 마무리해봅시다.

베스트 댓글

스몰토크는 취조하는 게 아니에요.

#26

뉴럴링크

요새 신기한 연구가
진행 중이던데
어떤 연군데요?

뇌에 전극을 심어서
데이터를 이동하거나
생각을 이동시키는 기술을
개발 중이래
엥? 그런 게 가능해요?

생쥐 실험에서
어느 정도 성과를 보였대
우와 완전
미래 세계네요

그런 게 생기면 정말 좋겠다
업무지시 받을 때도 편하고
업무지시?

그런 거 있잖아요
상사의 지시가 잘 파악이 안 될 때요
음.. 그건...

그 있잖아 엣지 있고
화려하면서도 심플한 그 느낌
저기 무슨 말씀이신지 잘...

"사내메일 보낼 때 참조 반드시 걸어주세요. 외부메일도."

아침부터 팀장님으로부터 왠지 모르게 서늘한 메신저가 왔습니다. 팀장님의 표정을 살피니 좋지 않아 보였고, 그때부터 고민에 빠졌습니다. '내가 공유를 드리지 않은 무언가가 있었던가…?'

바로 최근 메일함을 뒤지기 시작했습니다.

'이틀 전 마케팅팀과 오갔던 그 메일에 참조가 빠져서 문제가 된 걸까? 마케팅 팀장님께 무슨 이야기라도 들으신 걸까? 아, 협력업체와 미팅 일정 조율 메일에 빠져서? 팀장님 일정을 내가 알고 있어서 굳이 넣을 필요 없다고 생각했는데….'

도대체 왜 아침부터 저런 메신저를 보내신 걸까요? 아무리 메일을 위로 올려봐도 반드시 공유가 필요한 내용에는 모두 참조를 넣었는데 말입니다. 오늘 팀장님의 기분이 좋지 않아 보여 왜 그런 메신저를 보내셨는지 묻지도 못하겠습니다.

'에라, 모르겠다. 팀원들한테 얼른 전달이나 하자.'

"여러분, 팀장님이 앞으로 모든 메일에 참조 넣어달라고 하십니다. 모든 메일에 참조 걸어 보내주세요."

"모든 메일에요? 메일 양이 상당하실 텐데…. 보고나 공유가 필요한 사항 외에 진짜 모든 메일에 다 넣어요?"

"네, 메일 보낼 때 참조 꼭 넣어달라고 하시네요."

그 일이 있고 나서 며칠 지나지 않은 어느 날 팀 점심시간. 몇 숟가락 뜨기도 전에 팀장님께서 입맛이 뚝 떨어지는 이야기를 하셨습니다.

"요즘 너네 왜 이렇게 메일을 많이 보내니? 내가 회의 일정 조정하는 메일까지 보고 있어야 되겠니? 나 바쁜 사람이야~."

"아니, 며칠 전에 팀장님께서 메일 보낼 때 참조 반드시 걸어달라고 하셨잖아요?"

"내가? 아, 저번에 기획팀장이랑 얘기하다 보니까 팀원들이 진행 상황 공유를 안 해서 업무 파악을 전혀 못 하고 있더라고. 그래서 나도 한번 얘기해야겠다 싶어서 한 거야~. 그런데 그것 때문에 모든 메일에 참조를 넣고 있다고? 김 과장 너는 8년 차나 돼서 아직도 맥락 파악이 그렇게 안 되니? 아이고야….”

세상에서 가장 어려운 **상사의 마음 읽기**

세상에서 가장 어려운 것이 팀장님의 마음 읽기 아닌가요? 상황과 의도, 그리고 정확하게 원하는 바가 무엇인지 친절하게 설명하며 업무를 주시면 너무나도 좋겠지만, 대개 팀장님들은 많이 바쁩니다. 눈빛과 손짓 한 번으로도 모든 걸 이해하기를 바라기도 하죠.

업무 기한은 왜 이리도 촉박한 건지, 어제는 A를 지시하셨는데 오늘은 왜 다시 B라고 말씀하시는지 알 길이 없습니다. 상사의 마음을 읽어주는 기술은 아직 없는, 이 안타까운 상황에서 우리는 어떻게 해야 할까요?

이 에피소드를 보고 어떤 생각이 드셨나요? 밑도 끝도 없는 '참조' 지시, 여러분이라면 팀장님의 의도를 어떻게 파악하고 어떤 행동을 했을 것 같나요? 저 역시 김 과장처럼 먼저 메일함도 한번 뒤져보고, 혹시 공유를 놓친 건이 있는지 돌아볼 것 같은데요. 특별한 내용이 없자 김 과장은 팀장님의 기분을 한번 살핀 후, 물어볼 타이밍을 잡지 못하고 지시한 문장 그대로 팀원들에게 전합니다. 여기서부터 상황이 더욱 어렵게 됐다고 볼 수 있습니다.

모든 지시에는 의도가 있습니다. 지시자의 표면적 '요구'에 가려진 '욕구'가 있다는 이야기입니다. 이 에피소드에서 팀장님의 '요구'는 '메일 참조'였습니다. 그렇다면 '욕구'는 무엇일까요? '업무 진행 상황의 공유'였죠. 숨겨진 '욕구'를 파악하는 데 실패한 김 과장은 모든 팀원 앞에서 눈치 없는 8년 차

과장이 되었습니다.

신입사원의 경우에는 팀장님의 업무 지시 방식이나 성향에 대한 빠른 파악이 쉽지 않기 때문에 숨은 '욕구'를 파악하는 일이 더 어려울 수 있습니다. 그렇지만 팀장님의 기분이 좋지 않아 보여서, 바쁘실 것 같아서, 묻는 내가 한심하게 보일 것 같아서 등의 이유를 찾으며 지레짐작으로 업무를 시작하는 것은 꽤 위험한 행동입니다. 잘못된 방향으로 이미 진행된 일을 바로잡는 데는 훨씬 더 많은 시간과 노동이 들어가니까요.

업무를 처음부터 올바른 방향으로 정확하게 수행해야 하는 것은 나의 임무이자 책임입니다. 나의 책임을 다하기 위해 필요한 내용과 궁금한 사항은 적극적으로 물어보세요. 우리는 사회적 동물이기에 상대의 기분이나 상황을 전혀 배제할 수는 없겠지만, 적절한 타이밍에 적절한 질문은 모두의 효율과 결과의 질을 반드시 높여줍니다. 업무의 목적성과 방향에 대한 충분한 공감과 이해가 밑바탕이 된다면 추진력이 생기고, 지시한 사람의 의도와 '욕구'가 반영된 만족스러운 결과물이 나올 수 있을 테니까요.

미리 겁먹지 말고, 돌아가지 말고 시원하게 물어봅시다.

"팀장님, 무얼, 왜, 언제까지 원하시나요?"

베스트 댓글

개떡같이 말해도 찰떡같이 알아들으면 좋으련만… 팀장님 앞에서는 늘 고장 나 있는 내 뉴럴링크….

#27

표정

오케이!
이제 다 끝났네

그럼 과장님께
보고하러 가볼까
성과장님한테
가세요?

잘 됐네요
오늘 성형미 과장님
표정이 밝으시던데
응? 표정이
밝다고?

5년 같이 일한
나도 성 과장님 표정을 못 읽는데
네가 읽을 수가 있어?
예 그렇게
됐어요

그래요?

오늘은 기분이
좋으신 거 같네요
그래서요?

새로운 거래처와의 미팅.

분위기는 좋았고, 예산 안내를 하였는데 조정 요청을 받았습니다. 나름대로 충분히 설명했다고 생각했으나 계속해서 요청하길래 내부적으로 다시 확인하고 연락을 드리겠다고 말하고 사무실로 돌아왔습니다. 그리고 팀장님께 업체 미팅 보고와 함께 가능 여부를 확인했습니다. 일전에 다른 동료가 팀장님께 말씀드려 예산 조정이 가능했던 적이 있던 터라 내심 기대하면서 말씀드렸죠.

"팀장님, ○○업체에서 예산 조정을 해달라고 하는데 어쩌죠?"

"그래? 잘 설명했어?"

"네, 저희가 글로벌 회사라 정해진 요율이 있어 조정이 어렵다고 잘 설명했어요."

"흠… 그럼 내가 본부장님한테 한번 이야기해볼게."

그리고는 조금 예산을 조정해 신규 고객사를 유치할 수 있었습니다. 얼마 지나지 않아 비슷한 경우가 발생했습니다.

"팀장님, 업체에서 예산 조정해달라고 하는데 어쩌죠?"

"본인이 알아서 해요. 예산 정해진 것 몰라요?" 하며 정색을 하는 팀장님.

"아, 네. 알겠습니다."

자리로 돌아오는데 순간 등줄기에 땀 과 함께 흐르는 이 느낌 뭘까?

자리로 앉자마자 뜨는 사내 메시지.

'오늘 팀장님 기분 별로인 듯. 조심!'

동료의 조언 메시지를 보고 아니, 알지만 '기분 좋을 땐 되고 안 좋을 때는 안 되는 거야?'라고 속으로 욕을 했습니다.

기분에 따라 수시로 바뀌는 팀장님.

팀장님 기분에 따라 업무 방향도 달라지는 것 같아 혼란스러워집니다.

내 상사를 존중하되, 그 감정까지 따라가지 마세요

기분에 따라 업무 방향까지 달라지는 내 상사. 상사의 기분에 맞추다 보니 업무의 기준이 그때그때 달라지는 것 같아 이렇게 일하는 것이 맞는 건지 생각에 빠지는 순간이 찾아왔던 적이 있었습니다.

기분에 따라 업무 기준까지 달라지는 상사 밑에서 상사 기분만 맞추다 보면 나도 모르게 어느새 그 상사와 똑같은 업무 습관을 갖게 될지 몰라요.

내 상사를 존중하되, 그 감정까지 따라가지 않는 방법이 뭐가 있을까요?

첫째, 상사가 태도에 따라 변화하는 사람인지 파악하세요.

가장 먼저 나의 상사는 어떤 성향의 사람인지를 파악하세요.

기분에 따라 업무까지 영향을 주는 사람인지는 업무지시를 할 때, 회의 때 어떤 모습인지를 통해 알아보세요..

둘째, 업무 프로세스를 정확하게 파악 후 숙지하세요.

처음은 서툴고 업무에 변수들도 많기에 파악조차 하기 어려울 수 있어요. 하지만 내가 먼저 업무 프로세스를 제대로 파악하고 숙지한다면 기분에 따라 상사의 말이 달라지는지를 알 수 있어요. 업무 프로세스를 파악하지 못한 채 기분파 상사에 따라가기만 한다면, "팀장님이 그렇게 말씀하셔서 하라는 대로 한 것인데요"라고 말하고 싶은 순간이 많아질 거예요. 이런 말을 쉽게 할 수가 없잖아요? 그 말을 삼키기만 하고 뱉어낼 수 없어 혼자 끙끙거리는 일이 없길 바랍니다!

셋째, 이해되지 않는 상사의 행동과 말에 너무 매몰되지 마세요.

아무리 생각해도 아닌 것 같은 게 있어요. 그럴 때는 여러 명이 있는 자리에서 말하기보다는 1:1 대화의 시간을 가져보는 방법을 추천드려요. 그럼에도 말이 통하지 않는다면 그 말에 깊이 빠지지 않고 한 귀로 듣고 한 귀로 흘리는 연습을 하세요.

여러 명과 함께 만나 일해야 하는 직장에서 친절하고 착하고 내 말을 잘 들어주는 사람만을 만날 수는 없어요. 그리고 팀장들도 기분에 따라서 말이 바뀌는 것이 아니라 어쩔 수 없는 상황으로 본인의 말과 다르게 답변을 해야 하는 경우가 있답니다. 이건 팀원들에게 설명해야 하는 팀장의 몫이고, 신입사원들과 팀원들은 상사가 이해되지 않지만 억지로 무조건 이해만 하려다 병나지 말고 스스로의 업무 습관을 만들어가는 것이 현명한 직장생활을 할 수 있는 방법이에요.

베스트 댓글

상사의 기분이 어떤지 너무 걱정하다 보니, 사무실에 있는 정수기 물통과 시계바늘마저 걱정하게 되네.

#28

육하원칙

하아.. 박 과장님..
왜 또?

갑자기 오셔서 시켜놓은
분기결산 왜 안 해놨냐고
닦달이시잖아요

기한 말 안 해서
급한 거 먼저 처리하고
있었는데
음.. 업무지시는
육하원칙을 기본으로
해야 되는데

누가, 무엇을, 언제, 어디서,
어떻게, 왜하는지
말해줘야 서로 오류 안 나고
일 처리도 빨라지는데

그러니까요 두루뭉술
이거 해줘하고 넘기시니...

우리 하는 일 중에
'왜'는 없지 않나요?

사실 일하면서 왜 하는지
알고 하는 경우는
거의 없잖아요
하긴 그냥
시키니까 하는 거지

미어캣 모드였던 신입사원 시절은 물론, 전투력 만렙의 직장 사춘기인 지금까지. 직접적 혹은 간접적으로 다양한 선배들을 경험했습니다. 짧은 사회 경험이지만, 그동안 회사생활을 하며 '세상은 넓고 (다양한) 사람은 정말 많다'라고 느끼게 된 에피소드들을 준비했습니다.

"팀장님, 회의 자료에 필요한 ○○팀 자료가 아직 안 들어왔는데요…."

"과장님, 바쁘시죠? □□팀만 자료를 작성해주지 않으셔서…."

"선배님, 저 오늘은 상무님께 꼭 보고해야 하는데 초안만이라도 작성해주실 수 있을까요?"

신입사원 시절, 저는 회사의 중요한 회의체를 준비하고 운영하는 업무를 맡았습니다. 회의 때 다룰 아젠다를 구성하고 자료를 취합하는 게 주된 준비 과정이었습니다. 이때 가장 고달팠던 건 선배들에게 요청한 자료를 기한 내에 받지 못한다는 것이었습니다. 선배들이 격무로 바빴기 때문이에요. 하지만 기한 내에 자료를 받는 것이 저의 업무였기에 기한이 다가오면 부탁을 가장한 독촉을 하느라 선배들을 졸졸 쫓아다녔습니다.

"박 대리, 미안해요. 얼른 써서 줄게요."

대부분의 선배님은 얼른 자료를 작성해주시곤 했지만, 몇몇 선배님은 아예 대놓고 대신 작성해달라고 넌지시 부탁을 하시기도 했습니다.

학교 다닐 때도 마찬가지이지만, 회사에서 기한 준수는 생명이기에 시간이 흐를수록 저만 조급해져 갔습니다. 그래서 짓궂은 선배들의 부탁에도 울며 겨자 먹기로 (제 업무가 아닌데도) 자료를 마무리하거나 선배의 업무를 물어물어 처음부터 끝까지 제가 작성한 적도 있습니다(제 글에서 짠내가 느껴진다고요? 기분 탓일 겁니다).

또 이런 경우도 있었습니다.

"팀장님, 이 부분은 어떻게 처리할까요?"

"응? 그건 박 대리가 알아서 판단해요~."

불명확한 지시에 다소 당황스러웠지만, 최대한 고심하고 판단한 끝에 업무를 처리한 적이 있었는데요. 그 결과는 어땠을까요? 무사히 잘 넘어간 경우도 있지만, 만족스럽지 않은 결과를 보인 경우 조용히 불려 가곤 했습니다(나는 누구… 여긴 어디?).

이뿐만 아니라, 퇴근하려고 짐을 다 챙겨 사무실을 나서려는데, 절묘한 타이밍에 절 불러세워 급해 보이지 않는 업무 논의를 하려고 하시거나 퇴근 후 혹은 휴가 중인 동료에게 전화를 하는 경우도 왕왕 보았습니다. 또한, 기분이 나쁘다는 이유로 피드백 내용이 휙휙 바뀌어 비효율적으로 일을 하게 되는 경우도 많이 보았습니다.

그렇게 이리저리 치이고 나니, 가슴이 아려오고 입맛도 없어지고…. 꿈속에 선배들이 나타나고…. 제가 겪었던 이 증상들을 어떻게 설명할 수 있을까요? 바로 상사병(相思病) 아닌, 상사병(上司病)의 증상이라는 걸 깨달았습니다.

상사병 예방을 위한 '욕'하원칙

정말 재미있는 언어유희라고 생각합니다. 상사병(相思病)은 사랑하는 사람이 그리워 생기는 병이고, 상사병(上司病)은 짓궂은 상사를 만나 생기는 병입니다. 원인은 상이하나, 증상은 비슷합니다. 그리고 상사병은 대한민국 직장인이라면 대부분은 겪고 있는 증상입니다. 재미 삼아 상사병 진단 문항을 준비해보았습니다.

사실 회사에서 일을 하다 보면 다양한 유형의 사람을 만납니다. 선후배

1. 상사의 발걸음 소리에 가슴이 답답해져 온다(신기하게도 직장생활 3개월만 넘어서면, 여러 사람 중 상사의 발걸음 소리를 귀신같이 알아채는 능력이 생긴다).
2. 출근길, 지나가는 상사의 모습을 보고도 못 본 척하게 된다.
3. 상사가 미소를 보이거나, 친절을 베풀면 '나에게 왜 이러는 걸까?', '무슨 꿍꿍이가 있나?' 의심부터 하게 된다.
4. 상사 목소리만 들어도 뒷목이 뻣뻣해지는 느낌이다(상사가 아무리 재미있는 농담을 던져도 쓴웃음조차 나오지 않는다).
5. 상사와 밥을 먹을 때면 미각을 잃은 사람처럼 음식에서 아무런 맛이 느껴지지 않는다.
6. 상사와 함께하는 회식 자리는 '갑작스러운 두통', '할머니 제사' 등 무슨 핑계를 대서라도 피하고 싶다.
7. 휴가, 외근 등의 이유로 상사가 자리를 비운 날은 월급날보다 더 기분이 좋다.

출처 퇴사충동 유발자 그 이름은 "부장님"…상사병(上司病) 아시나요?_아시아투데이

할 것 없이요. 그런데 왜 후배병, 동기병은 없고 상사병만 있는 것일까요? 일을 하면서 피할 수 없는 사람이기 때문입니다. 회사에서 대화가 필요 없는 관계라면 친분은 물론 갈등도 생기지 않을 수 있습니다. 다시 말하면, 어떤 동료가 내 업무와 무관한 일을 하고 있다면 나는 그 동료와 갈등을 겪을 일이 없습니다. 하지만 나의 상사는 내 업무와 굉장히 밀접하게 관련이 있는 선배입니다. 그렇기에 친분도, 갈등도 생길 수 있는 것입니다.

저에겐 롤모델로 삼고 싶은 상사 한 분이 계시는데요. 공적으로도, 사적으로도 정말 좋은 분 같아 그분과 일하는 내내 즐거웠던 기억이 있습니다.

현재는 아쉽게도 제가 조직을 옮겨 그분과 이별하게 되었는데요. 이런 제가 복 받았다고 생각할 정도로 제 마음에 쏙 드는 상사, 동료를 발견하기는 정말 어려운 것 같습니다. 가장 가까운 사이인 가족들과도 맞지 않아 투덕거릴 때가 있잖아요! 회사에서 일할 때 마음 맞고, 통하는 동료를 발견하기란 쉽진 않은 것 같습니다. 그렇기에 서로를 이해하고 맞춰나가려는 과정이 필요하다고 생각합니다. 대화 등을 통해 갈등을 해결할 수 있으면 좋겠지만, 그럴 수 없는 경우에는 어떻게 해야 할까요? 이럴 때 조금이나마 도움이 될 수 있는 상사병 예방팁을 공유합니다. (개인적으로 상사를 욕하는 것만큼이나 효과적인 것 같아, 육하원칙에서 한 글자 바꾼 '욕'하원칙이라고 명명하고 싶군요!)

첫째, 마음이 맞는 동료들과 점심 약속을 잡습니다.

우리나라 사람들을 쩝쩝박사라고들 하잖아요? 그만큼 먹는 것에 진심인 사람들! 회사생활도 별것 없다고 생각합니다. 사람 때문에 힘든 시기를 겪고 있다면, 마음이 맞는 동료들과 점심 약속을 잡아 맛있는 걸 먹으러 가는 겁니다. 이때 힘든 원인인 특정 인물은 제외해야 하는 건 필.수.사.항!

실제로 저의 동료인 티나 부장님의 오랜 회사생활 노하우를 여쭤보니 "회사를 놀러 오는 게 내 노하우다"라고 하시더라고요(워커홀릭인 분이니 정말 노는 거라고 생각하는 오해는 NO!). 사람들을 좋아하시고, 쩝쩝박사이신 티나 부장님은 좋아하는 사람들과 맛있는 음식을 먹으며 재미난 얘기를 하기 위해 회사를 출근했더니 입사한 지 5000일이 넘었다는 얘기를 해주셨습니다. 오랜 회사생활의 비결은 이런 마음가짐인 것 같습니다.

만일 마음이 맞는 동료들이 없다면, 혼자 점심시간을 보내보는 것도 좋은 것 같습니다. 명상을 하거나 산책을 하는 거죠. 제 동기 중 한 명은 점심시간에 요가를 배우는 등 운동을 하더라고요(리스펙). 휴게 시간이 괜히 있는 게 아니겠죠? 오전에 긴장했던 몸과 마음에게 휴식 시간을 선물해주는 건 어떨까요?

둘째, 18비용(언어순화)을 줄이기 위해 기분통장을 만들어 저금합니다.

힘든 회사생활 후 기분 전환을 위해 소비를 하는 것을 18비용이라고 합니다. 소비는 할 때는 좋지만, 돈을 써버리고 초라해지는 통장 잔고를 보며 기분은 또 급격히 나빠지는 경험을 하셨을 텐데요. 기분이 나쁠 때마다 저금을 하는 기분통장을 만들면 어떨까요? 케이뱅크는 실제로 '18비용 대신 저금'이라는 콘셉트의 마케팅으로 기분통장을 출시했습니다. 기분 나쁠 때마다 18원, 더 기분이 나쁘다면 1818원, 진짜 참을 수 없을 땐 181818원씩 저금을 하다 보면 어느새 나만을 위한 여행 비용이 모아져 있을 겁니다(제 이야기인 건 안 비밀). 고통받는 순간순간, 은행 앱을 켜서 18원씩 저금하는 거 어떤가요? 티끌 모아 티끌이겠지만, 조금 더 모아진 티끌로 디저트 하나는 사 먹을 수 있을 거예요!

셋째, 나를 힘들게 하는 상사와 함께 있는 시간을 최대한 줄입니다.

가장 쉽고도 어려운 원칙입니다. 힘들게 하는 원인에서 멀어지면 좀 나아지는 경우도 있잖아요? 상사병도 마찬가지입니다. 무두절, 어린이날이라는 직장인 용어 들어보셨나요? 둘 다 같은 말입니다. 상사인 리더가 사무실에 없는 날을 말하는데요. 리더가 없다고 해도 일은 줄어들지 않지만, 왠지 모르게 긴장감이 완화되는 걸 (많은 직장인이) 느끼곤 합니다. 그래서 어떤 기업들은 구성원들의 사기 진작과 리더들의 리프레시를 위해 '리더 없는 날'을 정하기도 합니다.

현재 근무하고 있는 조직이 리더 없는 날을 운영하고 있다면 리더 없는 날을 기다리며 마인드 컨트롤을 하면 되겠죠. 하지만 리더 없는 날을 운영하고 있는 조직은 많지 않습니다. 이럴 땐 어떻게 해야 할까요? 최대한 상사와 함께 있는 시간을 줄이려고 노력해야 합니다. 상사와 함께하는 보고나 회의가 최대한 빨리 끝날 수 있도록 넵무새[13]가 되어 상사의 의견에 적극적으로 동의를 해야 합니다. 심적으로 나를 힘들게 하는 상사와 대화를 오래 하거나 같은 공간에 있을 때 몸은 더 긴장하게 됩니다. 피할 수 없다면, 몸에 긴장을 주는 시간을 줄여나가야 합니다.

넷째, 퇴근 후가 기다려지는 취미 생활을 합니다.

신입사원 온보딩 프로그램 참여 시 항상 신입사원들에게 전하는 이야기입니다. 저는 정신 건강, 스트레스에 관심이 많아 관련 유튜브나 서적을 많이 찾아보고는 합니다. 선생님들은 스트레스는 없을 수 없다고 합니다. 스트레스 발생을 막는 것보다 어떻게 다스리는지가 중요하다고 하는데요. 그럴 때마다 선생님들께서 항상 강조하는 것이 '적절한 운동'과 '취미 생활'

13 넵+앵무새, '넵'만 말하는 사람. '넵'은 '네' 대신 쓰는 직장인 용어다.

입니다.

둘의 공통점은 무엇일까요? 몰입과 집중이 필요하다는 것입니다. 특히 정말 좋아하는 취미 생활을 하다 보면 나도 모르게 집중을 하게 되어 있고, 실제로 몰입을 하다 보면 잠깐 동안 멍때리는 효과를 보기도 합니다. 멍때리기 대회가 성황일 정도로 멍때리기의 효과와 인기는 많이 알려졌는데요. 잠깐 동안 갖는 뇌의 휴식이 스트레스를 완화시켜 준다고 합니다. 즉 내가 좋아서 하는 취미 생활은 스트레스 완화에 도움을 주는 것입니다.

그런데 간혹 취미가 없다고 하시는 분들이 있는데요. 그럴 때는 어떻게 할까요? 나에게 맞는 취미를 탐구하는 시간을 가져야 합니다. 세상은 넓고 취미는 많은데, 나에게 맞는 취미 생활이 없을 리가 있나요? 저 또한 힘들 때 취미 생활을 발견한 사람이기에, 여러분도 자신에게 맞는 취미 생활을 찾을 수 있을 거라고 확신합니다.

베스트 댓글

"(상사를) 피할 수 없다면 (상사 욕하는 걸) 즐겨라."

#29

설득

아~ 요새 애들
너무 말을 안 들어서
골치 아파요
뭐 시키면 핑계나 대고...
그래?

와튼스쿨 교수가 말하는
최고의 설득 방법
알려줄까?
오! 그게 뭔데요?

그건 존중과 배려래
에? 그게
뭐예요?

상대를 존중하고 인간적으로
대우해주면 상대가
자연스럽게 내 의사대로
움직여준대
에이~ 어차피
부하직원인데
그냥 명령하면 되지
그렇게까지 할 필요가

야! 악한아 여기
커피 한잔 타와
네?...
네...

이렇게 시키면 되는데
뭘 복잡하게 그래요

"얼굴이 왜 이렇게 안 좋아? 무슨 일 있어?"

"우리 팀장님 때문에 도저히 회사를 못 다니겠어."

"그래도 이제 조금 있으면 1년 다 되어 가는데 조금만 참아봐."

"아, 안 그래도 그것 때문에 계속 버티고 있는데 이러다 내가 죽을 것 같아. 매일같이 폭언에 인격모독에 어느 정도여야 말이지."

"그럼 말을 그렇게 하지 말아 달라고 정중하게 이야기해봐."

"도무지 말이 안 통해. 그냥 무조건 본인 기분대로고 내 이야기는 들으려고 하지 않아."

"으, 그런 사람들 알지. 하기야 니가 오죽하면 그런 생각을 했을까? 하지만 알다시피 그냥 무작정 관두면 나중에 후회하잖아. 니가 손해 보는 일은 없어야지."

"안 그래도 퇴근 후에 이직할 곳 좀 알아보고 싶은데 이력서 쓸 시간조차 없어. 너무 스트레스를 받다 보니 트라우마가 생겨서 내가 조직에 맞지 않는 사람인가 싶어."

참 안타까운 대화입니다.

취직이 되어 기쁜 마음으로 입사했는데 몇 개월 지나지도 않아 상사와의 트러블로 퇴사 충동이 일어날 때 '1년만 참자', '이직할 곳이 결정되면 퇴사하자'라고 결심하죠. 도저히 참지 못해 사직서를 던지고 싶다면 잠깐 그 사직서를 품에 다시 넣고 생각을 정리해봅시다.

상사 때문에 무턱대고 사직서를 내지 마세요

상사와의 트러블로 인해 퇴사하고 싶은 생각이 들 때, 다른 회사로의 이직 생각이 들 때 사직서를 바로 내지 말고 이렇게 해보세요.

첫째, 나의 업무 회고록 작성해보세요.

업무 회고록은 월별, 분기별, 연도별 시기를 정해 작성하는 습관을 가지는 것을 추천해요. 내 스스로 업무 회고록을 작성하면서 본인이 부족했던 점을 알 수 있고 성장하고 싶은 목표를 세울 수 있어요.

상사가 이유 없이 트집만 잡는 것 같을 때는 회사와 업무를 생각조차 하고 싶지 않아 회고록 작성은 더 쓰기 어려울 수 있어요. 그럴 때는 이 두 가지만 먼저 생각해보세요.

- 같은 실수를 반복하고 있지 않은가?
- 데드라인은 잘 지켰는가?

둘째, 상사에게 1:1 미팅을 요청하고 대화시간을 가져보세요.

말해봤자 소용없다는 생각으로 '내가 그냥 떠나자' 하면서 회사를 떠나시는 분들을 많이 보았어요. 하지만 그냥 떠나기보다는 솔직하게 나의 고충을 토로해보세요. 대화를 통해 서로 맞춰가는 부분이 생길 수 있어요.

셋째, 인사팀에게 도움을 요청해보세요.

팀장님과의 1:1 대화에서도 해결이 되지 않는다면, 인사팀에게 요청하세요. 회사는 좋은데 상사와 맞지 않아 도저히 일하지 못하겠다는 분들이 꽤 있어요. 그럴 때 회사 측에서 도움을 줄 수 있는 방법이 있을 수 있으니 인사팀에게 고충 삼담을 요청하세요.

넷째, 휴가를 내고 머리를 식혀보세요.

업무에서 잠시 벗어나서 휴식을 취하며 머리를 식히면 조금 나를 돌아볼 수 있는 마음의 여유가 생깁니다. 감정적으로 퇴사와 이직을 결정하기 보다는 내 스스로 최선을 다한 후 인정이 되는 이유와 함께 퇴사 또는 이직을 결정하세요.

"구관이 명관이다."

"똥차 피하려다 쓰레기차에 치인다."

상사 때문에 힘들어 이직했는데 더 악질인 상사를 만날 수 있고, 무작정 퇴사했는데 공백이 너무 길어져 더 무기력한 생활로 후회가 남을 수도 있습니다.

인내해야 하는 상황들이 많은 직장생활이지만 단 한 명의 상사 때문에 내 커리어를 망치기에는 너무 아깝지 않으세요?

베스트 댓글

본인이 갑이고 팀원이 을이라 생각하는 팀장이 여전히 존재해. 한 회사에서 한 배를 타고 같이 으샤으샤 해야 하는데 할 일 떠넘기고 무작정 무시하고 시키기만 하는 팀장들을 제발 회사에서도 알면 좋겠다.

가우스전자

PART 5

성장과 행복

#30

행복은 빈도

다들 높은 성취가
행복해지는 길이라고
믿고 있지만

누군가가 말했듯이
행복은 성취가 아니라
'빈도'라고

살면서 얼마나 많이
행복한 순간을 맞이하느냐가
행복한 인생이냐를 가르는
잣대가 아닐까?

아까 성 과장님 말 들으니
많이 위안이 되네요
전 제가 뒤 처지는 게 아닌가
괜히 불안했는데

-출근 시간-

"와, 지효 님. 이 커피 너무 맛있어요! 어디서 사 오신 거예요?"

서비스기획팀에 입사한 신입사원 민아가 감탄하며 말했습니다.

"회사 근처에 커피숍이 새로 생겼길래 사 와 봤어요."

"제가 단골 커피숍에서 자주 마시는 커피랑 맛이 거의 똑같아요. 거기는 멀어서 자주 못 가는데, 회사 근처에 생겼다니 너무 좋네요!"

-점심시간-

"오늘 먹은 곳은 생각보다 별로였던 것 같아요."

"맞아요. 가성비도 떨어지고, 멀기도 멀고요."

"역시 지겨워도 자주 먹던 곳으로 갔어야 했나. 민아 님은 오늘 먹은 거 어땠어요?"

"저는 맛있었어요. 사실 제가 얼마 전에 요리를 처음 해봤는데, 너무 맛이 없더라고요. 근데 그것도 '그럴 수도 있지 뭐' 생각하고 그냥 먹다 보니까 밖에서 먹는 건 웬만하면 다 맛있게 느껴져요."

민아가 웃으며 말했습니다.

"그러고 보니 저는 같이 일하면서 민아 님이 불평하는 걸 못 들어본 것 같아요."

"맞아요. 민아 님을 보면 오늘 엄청 좋은 일이 있었나 하는 생각이 항상 들어요."

"저도 그래서 몇 번은 오늘 좋은 일 있냐고 물어봤잖아요."

여러 사람이 동의하며 고개를 끄덕였습니다.

-업무시간-

"팀 프로젝트 성과 분석 결과가 나왔는데요. 저희가 목표로 했던 10%를 달성하진 못했지만, 그래도 이번 페이지 개편으로 매출이 7.5% 개선되었다고 하네요. 모두 고생하셨어요."

"와, 7.5%요? 매출로 따지면 1억 원이 넘는 거 아니에요? 목표를 엄청 높게 잡았는데도 이 정도라니, 저희 팀 정말 대단한 것 같아요! 이런 팀에서 일할 수 있어서 얼마나 좋은지 몰라요."

팀장의 말이 끝나기가 무섭게 민아가 감탄사를 연발하자, 목표를 달성하지 못했다는 생각에 축 처져 있던 팀 분위기가 조금씩 바뀌었죠.

"생각해보니 그러네요. 이번에 해봤으니까 다음 프로젝트 땐 더 잘할 수 있겠죠."

"맞아요. 그럼 제가 내일 성과 데이터를 좀 더 살펴볼게요."

"저도 도울게요, 영민 님!"

-퇴근 시간-

"아니, 퇴근 10분 전에 업무를 주고 내일 아침까지 달라는 게 말이 돼요?"

"그러니까요. 퇴근할 생각에 신나 있었는데 이게 뭐야. 민아 님은 아까 저녁 약속 있다고 하지 않았어요?"

"네, 방금 취소했어요. 급한 일이라고 하시는데 어쩔 수 없죠, 뭐. 일하다 보면 이런 날도 있는 거 아니겠어요~."

회사에서 행복 찾는 법

직장생활이 행복하다고 느끼는 사람이 과연 몇이나 될까요? 출근과 동시에 퇴근을 생각하고, 출근 후에는 점심시간이 오기만을 기다리며, 회사를 다니면서 행복한 순간은 퇴근길과 월급날뿐이라고 말하는 사람들을 본 적이 있지 않나요?

회사는 그런 곳입니다. 일정한 보수가 주어지는 대신 공동의 목표를 달성하기 위해 '해야 하는 일'을 하는 곳이죠. 그 과정에서 내가 하고 싶지 않은 일을 해야 할 때도 있고, 같이 일하고 싶지 않은 사람과 일을 해야 할 때도 있습니다. 그러니 회사에서 행복을 찾는 것이 결코 쉬운 일은 아니죠. 하지만 회사에서의 행복을 포기하고 불평만 하며 회사를 다니기에는 우리가 앞으로 회사에서 보내야 할 시간이 너무 많이 남았습니다. 자는 시간을 제외하면 대부분의 직장인이 하루 중 가장 많은 시간을 보내는 곳이 회사니까요.

그렇다면 회사에서 행복을 찾는 것이 정말 가능할까요? 결론부터 말하자면, 가능합니다. 행복은 가까이, 불행은 멀리 두면 되거든요. 그리고 다음의 내용을 보면 그 방법이 무척이나 간단하다는 걸 알 수 있을 거예요.

첫째, 작은 즐거움도 크게 표현하세요.

출근길 커피를 마시며 느끼는 여유로움, 성과가 개선되었을 때 느끼는 뿌듯함, 유난히 맛있었던 점심, 상사에게 들은 칭찬, 퇴근길의 선선한 날씨. 직장생활을 하며 느끼는 작은 즐거움은 내 입으로 말하고, 그것을 다시 듣고, 곁에 있는 누군가와 나누면서 점점 더 커집니다. 내가 행복이라고 정의하지 않았을 뿐, 나를 즐겁고 행복하게 만드는 것들은 이미 내 주변에 있다는 사실을 잊지 마세요.

둘째, '그럴 수도 있지'라는 마인드를 가져보세요.

갑작스러운 야근, 내부 의견 충돌로 지연된 프로젝트 일정, 기분이 좋지 않은 상사와의 하루, 동료의 퇴사로 인한 업무 가중 등 직장생활을 하다 보면 나의 의지와 상관없이 내가 원치 않는 상황에 놓이는 경우가 많습니다. 이럴 땐 갑자기 창밖에 비가 내리는 상황을 생각해보세요. 갑자기 비가 내린다고 해서 우리는 스스로를 자책하거나 불행하다고 생각하지 않습니다. 상황을 있는 그대로 받아들이고, 우산을 구할 수 있는 방법을 고민하죠. 직장생활도 마찬가지입니다. 나의 의지로 바꿀 수 없는 일이 일어났을 때, 스스로를 자책하거나 불행하다고 생각하는 대신 '그럴 수도 있지'라는 생각으로 받아들이면 상황을 나아지게 만드는 데 집중할 수 있을 거예요.

베스트 댓글

저는 그래도 매일 세 번씩은 행복합니다. 아침에 커피 마실 때, 점심 먹을 때, 퇴근할 때.

올해 연초에 운동하겠다고
다짐했는데

벌써 가을이네요...
하... 나도 금연
하려고 했었는데

무언가 바꾸려면 다짐보단
질문을 하는 게 효과가
높다던데

질문이요?

응, 다짐은 공허한 외침이지만
질문은 구체적인 생각을 유발해서
실천율을 높이는 효과가 있대

예를 들자면
담배를 끊자! 하는 거보다
내가 왜 담배를 끊어야 하지?
그렇게 생각하면 그에 따르는
생각들이 따라오면서 오히려
실천율이 올라가는 거지
음... 맞아요
외치는 것보다 질문이
확실히 사람을
긴장하게 하는 게 있죠
상식이도
경험 있어?

"여러분, 이번 프로젝트에는 인턴 두 분이 합류하기로 했어요. 두 분은 마켓 리서치를 담당해주실 예정이니까 잘 도와주세요. 진규 님, 연미 님, 이번 프로젝트는 기한이 짧으니 마켓 리서치 결과는 이번 주 금요일 회의시간에 공유해주세요."

"네!"

인턴 3개월 차인 두 사람이 큰 소리로 동시에 대답했습니다.

-목요일 저녁-

"연미 님, 내일 공유할 자료 준비 다 했어요? 저는 이 정도면 다 한 것 같아요."

"우와, 벌써요?"

"네, 어떤 사례가 필요할지 몰라서 관련 있는 사례를 전부 넣었더니 양이 꽤 되더라고요. 왠지 대학교 때 밀린 과제 하는 기분이었어요. 연미 님은 아직 많이 남았어요?"

진규가 조그맣게 줄어든 스크롤을 쭈욱 내리며 물었습니다.

"네, 다 끝내셨다니 너무 부럽네요. 저는 마켓 리서치가 프로젝트에 어떻게 도움을 줄 수 있을지 고민하는 데에만 시간을 절반은 쓴 것 같아요. 그래도 이제 뭘 해야 할지 정리가 돼서 남은 작업은 금방 끝낼 수 있을 것 같아요."

연미가 노트북을 닫는 진규를 부럽다는 눈으로 바라보며 말했다.

"그래도 연미 님은 일하는 게 즐거워 보이네요. 저는 솔직히 요즘 일이 재미없어요. 입사한 지 3개월이나 됐으니까 이번에는 프로젝트를 리딩하는 역할을 하게 될 줄 알았는데 매번 이런 작은 일들만 시키니까 동기부여도 안 되는 것 같고요."

"그래요? 저는 이게 되게 큰일이라고 생각했는데. 리서치 결과에 따라 프로젝트의 방향성이 바뀌기도 하고, 프로젝트의 성공 여부가 결정되기도 하잖아요."

"음, 그렇게 생각할 수도 있겠네요. 아무튼 얼른 마무리하고 들어가세요. 저는 이만 들어가 볼게요."

"네, 내일 회의 때 뵐게요!"

-금요일 회의시간-

"와, 진규 님. 짧은 기간에 정말 많은 사례를 조사하셨네요. 그런데 우리 프로젝트에서 이 사례들을 어떻게 활용하면 좋을까요?"

"어, 음. 일단 관련된 사례가 많으면 도움이 될 것 같아서 이것저것 찾아봤는데요. 사실 그 부분까지는 생각을 못 해봤어요. 죄송합니다."

"괜찮습니다. 이 자료들은 나중에 다양한 사례가 필요할 때 찾아보도록 할게요."

진규의 자료를 내려놓는 프로젝트 리더의 목소리에 아쉬움이 묻어났습니다. 잠시 후, 그는 연미를 바라보며 물었습니다.

"연미 님에게도 같은 질문을 드려볼게요. 우리가 이 자료를 어떻게 활용하면 좋을까요?"

"음, 기획 단계에서 사용자에게 꼭 제공해야 하는 가치를 논의할 때 활용하면 좋을 것 같습니다."

"이유는요?"

"저희가 이번 프로젝트로 진입하려는 시장은 이미 레드오션이잖아요. 이 시장에서 살아남으려면 기존 사용자들이 얻고 있던 가치 이상의 것을 제공해야 한다는 생각이 들어요. 이 자료에는 현재 사용자들이 불편해하는 것과 추가로 얻고 싶어 하는 가치가 무엇인지 잘 나와 있으니, 사용자에게 제공할 가치를 논의할 때 도움이 되지 않을까 생각했습니다."

"우리가 진입하려는 시장에 대해서 잘 파악하고 있네요. 이건 서비스를 기획할 때 정말 유용하게 참고할 수 있는 자료가 되겠어요."

누가 더 잘했다는 말은 없었지만, 회의실에 있던 모든 사람은 더 좋은 평가를 받게 될 사람이 누구인지 알 수 있었습니다.

즐겁게 일하고 좋은 성과를 내려면

'아오, 내가 이런 일을 하려고 취업한 게 아닌데!'

직장생활을 하면서 누구나 한 번쯤은 해봤을 생각이죠. 하지만 우리는 알고 있습니다. 이런 생각으로 하는 일들은 즐겁지도 않고, 좋은 성과를 내기도 어렵다는 것을요. 이 일은 내 일이 아니라는 생각이 머릿속에 가득하기 때문이죠. 그렇다면 즐겁게 일하고, 좋은 성과를 내기 위해 우리는 무엇을 할 수 있을까요?

하고 싶은 일만 하는 것? 회사라는 조직에 소속되어 있는 한 불가능합니다. 그 분야의 학위를 따는 것 혹은 인맥을 잘 쌓는 것? 가능하지만 학위가 있거나 인맥을 잘 쌓는다고 해서 일이 즐겁고 성과가 좋은 것은 아니죠.

사실 방법을 생각하기에 앞서 우리가 알아야 할 것은, 즐겁게 일하고 좋은 성과를 내기 위해서는 단순히 어떤 일을 '하는 것'이 아니라 그 일을 '지속하는 것'이 중요하다는 사실입니다. 그러기 위해서는 Do가 아닌 Why에 먼저 집중해야 하죠. Why에 집중한다는 것은 이 일을 왜 하는지 스스로에게 질문하고 그 이유를 찾아내는 것을 의미합니다.

그렇다면 나는 과연 Do와 Why 중 어디에 더 집중하는 사람일까요? 이것을 확인하는 가장 쉬운 방법은 사소한 업무를 맡았던 순간을 떠올리는 것입니다. Do에 집중하는 사람들은 이 일이 내가 할 일이 아니라는 생각으로 금방 동력을 잃어버리지만, Why에 집중하는 사람들은 이 일이 목표에 어떻게 영향을 미치는지 알고 있기 때문에 쉽게 지치지 않거든요.

이제는 나도 Why에 집중하는 사람이 되고 싶다고요? 그럼, 일을 시작하기 전 스스로에게 다음 두 가지 질문을 던지는 습관을 들여보세요.

첫째, 이 일을 통해 '회사가' 얻을 수 있는 가치는 무엇인가?
둘째, 이 일을 통해 '내가' 얻을 수 있는 가치는 무엇인가?

두 가지 질문에서 답을 찾는 연습을 하다 보면, 내가 하는 일의 가치와 이 일을 해야 하는 이유를 깨닫게 됩니다. '시키니까 한다'는 생각으로 일을 하는 사람과 그 일이 팀과 회사의 어떤 목표를 달성하기 위한 것인지를 알고 업무를 하는 사람의 성과는 다를 수밖에 없죠. 또, 이렇게 Why에 집중하는 사람들은 Do가 바뀌어도 쉽게 흔들리지 않게 됩니다. 내가 하는 일의 이유가 명확하다면 그 이유가 변하지 않는 한 내가 시도하는 일들은 얼마든지 바뀔 수 있기 때문이죠.

자, 그럼 지금부터 내가 하고 있는 일들에도 질문을 던져볼까요? 이왕 하는 회사생활, 즐겁게 일하고 좋은 성과를 내는 사람이 되어보자고요!

베스트 댓글

'내가 일을 왜 하지?' 스스로에게 질문을 해봐도 모르겠을 땐 남아 있는 대출을 확인하세요. 이유를 몰라도 일단 일을 열심히 해야겠다는 생각이 듭니다.

#32

2분의 법칙

자네들 그거 알아?
2분의 법칙이라고

어떤 일이든지 하기 싫어도
딱 2분만 해보라는 거야

책을 읽고 싶다면
한 페이지만 읽고
목차
챕터1 5
챕터2 16
챕터3 20

보고서를 써야 한다면
일단 첫 문장을 쓰고
보고서

운동이 하고 싶다면 일단 운동화를 신고
대문 밖으로 나서라

그러면 어느새 책의 한 챕터를 읽고 있고
보고서는 완성되어 있고
어느새 달리고 있다는 거지

맞아요 시작이 힘들지
막상 일을 시작하고 나면
몰입해서 힘든 걸 모른다고
하더라고요.
그래 그래서
시작이 반이란 말이
나온 거야

여러분의 메일함에 혹시 읽지 않은 메일이 쌓여 있지는 않나요? PC 바탕화면이 문서파일과 폴더가 어지럽게 가득 차 있지 않나요? 아마 많은 분이 고개를 끄덕였을 거예요. 많은 직장인이 과도한 업무로 스트레스를 받고 있습니다. 그런데 실제로 일이 많은 것도 사실이지만 일을 쌓아두고 처리하지 못하는 것이 더 큰 원인이기도 합니다.

신입사원이 업무에 적응할수록 차츰 업무가 늘어나고, 모니터에 포스트잇이 가득 차기 시작합니다. 많은 사람이 시간 관리에 특별한 비밀이 없는지 고민하게 됩니다. 중요한 것은 특별한 시간관리 비법이 아닙니다. 미루지 않고 제때 처리하는 습관입니다.

우리의 To Do 리스트에 쌓여 있는 일들은 사실 아주 사소한 일입니다. 이메일에 회신하고, 책상을 정리하고, 영수증을 제출하고, 거래처에 전화하는 것 모두 2분 이내에 완료할 수 있는 일들입니다. 그러나 우리는 그런 일을 미루기 시작합니다. 문제는 그것들이 쌓여서 정말 중요한 일들을 할 에너지를 갉아먹는 것입니다. 우리는 완료하지 않은 일에 대해 죄책감을 느끼는 데 많은 시간과 에너지를 소비하고, 쉬운 일도 실행하기 어렵게 만듭니다.

사실 일을 미루는 지연 행동은 인간의 본성으로, 아주 자연스러운 일입니다. 미래에 얻는 잠재적인 보상보다는 즉각적인 만족을 무의식적으로 선호하기 때문입니다. 미국 하버드대학 교수 토드 로저스 교수는 어느 실험에서 참가자들에게 이렇게 질문을 했습니다.

"급여의 2%를 자동이체해서 저축하는 것에 참여할 의사가 있나요?"

그랬더니 참가자 전원이 동의하였습니다. 그러나 당장 지금부터 저축하겠다는 의사를 밝힌 사람은 30%에 불과했습니다. 당장이 아니라 1년 뒤부터 저축하겠다고 밝힌 사람은 77%로 두 배가 넘었습니다.

왜 이런 결과가 나왔을까요? '불확실한 미래의 나'보다 '확실한 현재'에 더 가중치를 두기 때문입니다. 그러면 '현재의 나'와 '미래의 나'

의 대결에서 '미래의 나'가 승리하기 위해서는 어떻게 해야 할까요?

데이비드 앨런(David Allen)은 유명한 시간 관리 관련 저서 『쏟아지는 일 완벽하게 해내는 법(Get Things Done)』에서 일을 미루지 않는 방법으로 2분의 법칙을 제안했습니다. 2분의 법칙은 아주 간단합니다. 2분 미만이 소요되는 일은 지금 바로 완료하라는 것입니다. 단순하지만 강력한 이 규칙은 일을 미뤄서 작은 일이 쌓이는 것을 막는 효과적인 수단입니다.

미루지 않는 습관, 2분의 법칙

데이비드 앨런이 그의 저서 『쏟아지는 일 완벽하게 해내는 법』에서 제안한 비결은 다음과 같습니다.

"만약 특정 업무에 2분 미만이 소요된다면, 그것이 정의된 순간에 바로 해야 한다."

우리가 뒤로 미루는 일들은 결코 어려운 것들이 아닙니다. 그저 사소한 몇 가지 이유 때문에 시작을 꺼리는 것뿐입니다. 지금 당장 120초 안에 마무리할 수 있는 일들은 생각보다 많습니다.

- 이메일 보내기
- 메시지에 답장하기
- 결재문서 승인하기
- 업무에 대한 피드백 요청하기

- 책상 청소하기
- PC 바탕화면 정리하기
- 팩스 보내기

시간관리와 생산성 향상을 위한 여러 가지 규칙이 있지만, 그중에서도 2분의 법칙은 뚜렷한 장점이 있습니다.

첫째, 간단합니다.

워크 플로, 4×4 그리드, 프랭클린 플래너, GTD 분류 같은 복잡한 시스템이 필요 없습니다. 효과적인 시간 관리를 위해서 특별한 프로세스를 배우다가 지친 경험이 많습니다. 영어를 배우기 전에 영어공부법을 배우다 포기하는 것처럼요. 2분의 법칙은 누구나 쉽고 빠르게 시행할 수 있습니다.

둘째, 미루지 않는 습관이 생깁니다.

할 일 목록에 작업을 추가하고 그 일을 할 시간을 찾기 전에 바로 행동하는 것입니다. 습관적으로 미루지 않고, 정면으로 업무를 쳐내는 습관이 생깁니다. 어느 회사에서나 빠르게 일하는 사람을 좋아합니다. 만약 신입사원이 일을 빨리 해치우는 이미지가 생긴다면 정말 좋은 평판이 생길 것입니다.

셋째, 작은 성공을 반복하며 추진력을 만듭니다.

작은 일이라도 주어진 일을 하나 완료하고 다음 업무로 넘어가는 것은 성취감을 느끼게 합니다. 작은 행동이 모여 더 많은 행동을 낳을 수 있습니다. 2분의 법칙은 여러분이 많은 일을 해나가는 부스터가 될 수 있습니다.

2분의 법칙은 사소한 일에만 사용 가능한 것은 아닙니다. 중요한 업무에도 2분의 법칙을 적용할 수 있습니다. 거대한 프로젝트를 언제 어떻게 완료할지 아득할 때가 있습니다. 부담감에 일을 미루고 싶기도 하고요. 업무 범위가 너무 방대하여 모든 과업을 파악하기 어렵기 때문인데요. 거대한 과제나 프로젝트를 작은 덩어리로 쪼개서 2분의 법칙을 적용해보세요. 그러면 조금 더 가벼운 기분으로 일을 시작할 수 있습니다.

예전에 김연아 선수 관련 다큐멘터리에서 본 장면이 떠오르는데요. 김연아 선수가 훈련받을 때 한 기자가 질문을 했습니다.

"무슨 생각 하면서 스트레칭하세요?"

김연아 선수는 어이없다는 듯이 대답했습니다.

"무슨 생각을 해…. 그냥 하는 거지."

이 대답에 김연아 선수의 성공 비결이 담겨 있다고 생각하는 건 너무 과할까요? '무슨 생각을 하나. 생각할 시간에 그냥 하는 거다. 고민할 시간에 그냥 움직이는 거다.'

베스트 댓글

무엇을 먹을지 고민할 시간에 일단 배달을 시키자!

휴.. 첫눈이벤트
아이디어가
잘 안 나오네요
그러게..
끄응

기분 전환하게
옥상 가서 작업해볼까?
옥상이요?

다다다다다다

우와
끝!
정리 다 됐어?

답답한 사무실에만 있다가
확 트인 곳으로 오니까 그런가?
아이디어가 잘 나오네요
그렇지?

가끔은 일하는 공간을
바꿔 줄 필요가 있어
익숙한 공간에선
익숙한 생각만 나니까

요샌 디지털 노마드라고
노트북 하나만 있음
어디서나 작업할 수
있으니까요

회계팀 보람 님이 워케이션을 지원해주는 이벤트에 당첨되어 우리 백오피스 부서 전체가 양양으로 워케이션을 할 수 있는 기회가 생겼습니다.

"보람 님 덕분에 일하면서 리프레시할 기회가 생겼네요. 정말 고마워요!"

"저도 너무 좋아요! 신청할 때까지만 해도 당첨될 것이라고 상상도

하지 못했었는데…. 저희 퇴근하고는 신나게 놀아요~!"

워케이션 양양센터에 도착하니 퇴근 후 참여할 수 있는 다양한 프로그램들이 구성되어 있었고, 팀원들과 화요일 저녁 7시에 드립커피 만들기 클래스에 함께 참석하기로 했습니다.

-월요일 아침-

양양의 파도 소리를 들으며 아침 7시에 일어났습니다. 라운지에 가니 몇몇 팀원은 벌써 모닝커피를 마시고 있었습니다.

"민영 님, 좋은 아침이에요! 어제 좋은 꿈 꾸셨나요?"

"네, 서울보다 공기가 좋아서 그런지 잠이 솔솔 잘 오더라고요. 그리고 아침에는 파도 소리랑 새 소리 덕분에 미처 알람이 울리기도 전에 눈이 저절로 떠지지 뭐예요."

"네, 저도 파도 소리 너무 좋더라고요. 바다 냄새도 나는 거 같아요!"

"네, 장원 님도 커피 한잔 마시면서 여유롭게 하루 시작하시죠~."

날씨가 좋았던 관계로 우리는 테라스에 자리를 잡고 일을 시작했습니다. 여분의 모니터가 없어 듀얼 모니터로 일하지는 못하였지만 새로운 환경이라 그런지 훨씬 집중도 잘되고 기분이 좋았습니다.

워케이션이 종료되고 참석 대상자로 설문조사를 해보니 만족도가 매우 높았습니다. 역시 매일 똑같은 공간에서 일하는 것보다 가끔 분위기 전환을 해주며 리프레시하는 것도 직원들의 일 효율을 높이는 좋은 방법인 것 같습니다.

가끔은 분위기 전환을 해보자

항상 일하던 사무실 자신의 자리가 싫증이 난 적이 있으신가요? 유독 그렇게 느껴지는 날이 저도 있었던 것 같아요. 갑자기 모든 게 따분해지고…. 그럴 땐 분위기 반전이 필요한데요. 분위기 반전으로 여러분의 일 효율성을 높일 수 있는 방법들을 소개해드릴게요.

첫째, 회사에서 제공하는 여러 복지를 활용하세요.

요즘 많은 회사가 임직원들을 위해 다양한 분위기 전환의 기회를 제공하고 있습니다. 재택근무, 워케이션과 같은 것들이 그것인데요.

2020년 코로나19 바이러스가 창궐하면서 많은 기업이 감염 예방 차원에서 재택근무를 지원하기 시작했고, 본격적 비대면의 시대가 도래했습니다. 이에 직장인들에게 워라밸이 기존보다 더 중요한 가치가 되었고, 이에 사무실이 아닌 다른 장소에서도 일할 수 있는 '워케이션'이라는 신조어까지 생겨나면서 여러 회사가 복지 차원에서 워케이션을 제공하고 있습니다.

'워케이션'이란 'Work'와 휴가를 뜻하는 'Vacation'의 합성어로 일하면서 휴가를 동시에 즐기는 근무 형태를 뜻합니다. 즉 사무실이 아닌 여행지에서 근무시간에는 일을 하고 퇴근 후에는 여행을 하는 형태인데요. 실제로 필자도 속초로 워케이션을 일주일 동안 갔다 온 적이 있습니다. 직장인 특성상 장기간 휴가를 내기도 힘들고, 너무 오랜 시간 부재중이면 갔다 온 뒤 밀린 업무들을 팔로업(follow up)하는 것도 상당히 부담스럽기도 했었는데, 리프레시도 되고 정말 좋았습니다.

여러분도 제주도 앞바다, 양양 서피비치, 싱가포르, 베트남 휴양지 등 회사가 아닌 국내외의 휴가지에서 일하는 모습을 한번 상상해보세요! 생각만으로도 피로가 싹 풀리지 않나요?

둘째, 옥상을 이용하세요.

만약 회사에서 워케이션이나 재택근무를 지원하지 않는다면, 노트북을 들고 매일 일하던 자리를 떠나 다른 장소에서 일해보세요. 만약 데스크톱을 사용한다면 컴퓨터를 사용하지 않아도 되는 업무를 해보세요. 옥상에 앉아 자연을 벗 삼아 일한다면 더 능률이 오를 거예요. 물론 하루 종일 옥상에서 업무를 할 수는 없겠지만요! 하지만 혹시 알아요? 그걸 본 대표님이 여러분의 염원을 느껴 워케이션 제도를 신설할지도 모르잖아요!

셋째, 점심시간을 활용하세요.

점심시간에 일을 하라는 것이 아닙니다! 대부분 점심 식사를 마치고 앉아서 커피를 마시거나 휴게실에서 낮잠을 자는 경우가 많을 텐데요. 식사를 마치고 근처 공원이나 산책길을 걸으면서 리프레시해보세요. 잠깐이지만 피로가 조금이나마 풀릴 거예요. 비타민 D가 부족한 직장인 여러분, 광합성은 선택이 아닌 필수입니다!

넷째, 금요일이나 월요일에 연차를 사용하여 2박 3일 여행을 다녀오세요.

사람은 기계가 아니기 때문에 반드시 리프레시가 필요합니다. 연차를 길게 낼 수 없는 상황이라면 주말 혹은 징검다리 연휴가 있는 날에 연차를 사용하여 여행을 다녀오세요. 그것이 여러분들을 더 열심히 일할 수 있게 하는 자양분이 될 것입니다. 하늘길이 다시 뚫렸으니 가까운 동남아나 일본과 같은 나라라도 다녀오세요!

베스트 댓글

저도 일하다가 집중이 안 될 땐 옥상에 가서 하늘을 보고 생각을 정리하곤 합니다. 자연을 보면 머리가 맑아지면서 생각도 정리되고 좋더라고요!

#34

월요병 극복

하아..
에휴...
월요일
아침부터
왜 그래?

왜 그러긴요 월요일
아침이니까 그렇죠
월요병 모르세요?

아 어제까지 신나게
놀았는데.. 이제 또
일해야 한다니...

그것도 앞으로 5일연속..
힘이 안 빠질 수가 없죠

급격한 변화가 월요병을
만든다고 하던데
급격한 변화요?

주말을 평일과 너무 차이나게 보내면
월요일날 스트레스가
더 심하다는 거야
아

하긴 주말에 너무
퍼져 있었더니
더 적응이 힘든 거
같아요
담부턴 페이스 조절
해야겠네요

입사 첫날 노트북 세팅을 마치고 휴대폰에 메일과 메신저 앱을 다운받겠느냐고 IT 팀 담당자가 물었습니다.

"보통 다른 분들도 다 하시나요?"

"하시는 분들도 있고 안 하시는 분들도 있어요. 휴대전화로 메일과 메신저 확인하시려면 보안 때문에 제가 등록해드려야 하니 필요하시면 말씀해주세요."

순간 고민이 되었지만 휴대폰으로도 확인할 수 있도록 메일과 메신저 앱을 다운받았습니다. 며칠 동안은 업무 외 시간에 메일과 메신저 알람이 울리면 바로바로 확인했습니다. 그러다 보니 업무 시간이 지나고도 계속해서 업무가 연장되는 느낌이 들었습니다.

결국, 업무 외 시간에는 알람이 울리지 않게 설정을 했습니다. 그럼에도 불구하고 업무 외 시간에도 메일과 메신저를 확인하게 되었고, 새로운 메일과 메시지가 보이면 저도 모르게 노트북 전원을 켜고 누가 시키지도 않은 야근과 휴일 근무를 하게 되었죠.

어느 토요일 오전, 어김 없이 메일을 확인했고 월요일에 출근해서 답변해도 될 사항이었으나 굳이 노트북을 켜서 자료를 만들어 회신했습니다. 그리고 계속 그에 대한 회신이 왔는지 안 왔는지 확인했습니다. 그런데 회신 온 메일을 본 순간 등줄기에 식은땀이 주르르륵 흘렀습니다.

"이게 어떻게 나온 숫자죠?"

보낸 메일을 다시 확인해보니 0을 하나 더 붙였다는 것을 알게 되었고, 실수해서 죄송하다는 말과 함께 몇 번의 메일이 오갔습니다. 실수했다는 사실에 위축되어 그 주말은 이불 속에서 나오지 못하고 무기력함과 함께 보냈죠. 그렇게 맞이한 월요일 아침에는 다른 월요일보다 유난히 발걸음이 무거운 출근길이 되었습니다.

그러고 나니 자꾸만 이런 생각이 들었습니다.

'내 일이 너무 많은가?'

'내가 이렇게 일을 많이 하는데 월급은 너무 적은 것 아닌가?'

'아, 진짜 평소에 하지 않은 실수를 왜 자꾸 하지? 퇴근하고는 절대로 일 생각을 하지 말아야지!'

업무도 휴식도 계획성 있게!

여러분은 업무와 일상의 분리를 잘하고 있나요?

요즘 회사에 따라 근무 시간이 다양합니다.

- 근무 시간이 일정하게 정해진 회사
- 유연근무제 시행으로 1일 8시간 근무를 자유롭게 선택할 수 있는 회사
- 재택근무가 가능한 회사, 원격근무가 가능한 회사

스스로가 업무와 일상의 분리를 잘 시켜야 오래 직장생활을 할 수 있습니다. 다음은 업무와 일상의 분리가 잘되지 않을 때 생기는 마음들입니다.

- 일이 많다는 생각과 함께 회사에 사소한 불만들이 생긴다.
- 보상심리가 생긴다.
- 예상치 못한 실수가 발생할 가능성이 크다.
- 업무 지적을 받으면 업무시간 때 더 기분이 좋지 않아 휴일을 제대로 보낼 수 없다.

업무와 일상 분리를 잘할 수 있는 방법은 뭐가 있을까요?

• 매일 업무 시작 전 To Do 리스트를 작성한다.

• 업무 외 취미생활을 갖는다(운동, 네트워크모임 등).

• 당장 급한 일이 아니라면 업무에 대한 회신은 업무 시간에만 한다.

업무를 할 때도 우선순위를 정해 계획성 있게, 쉴 때도 계획적으로 잘 쉬어야 몸도 마음도 건강하게 오래 직장생활을 할 수 있다는 것을 잊지 마세요!

베스트 댓글

월요병 극복하려다 일요병 생긴다.

#35

퇴사통보

그 얘기 들었어?
영업부 황 과장 퇴사한대
네 정말요?

근데 바로 다음주에
퇴사한다고 해서
영업부 난리났어
그렇게 빨리요?
그럼 문제되지 않아요?

새로 들어갈 회사 사정
때문에 급하게 가게
됐나봐

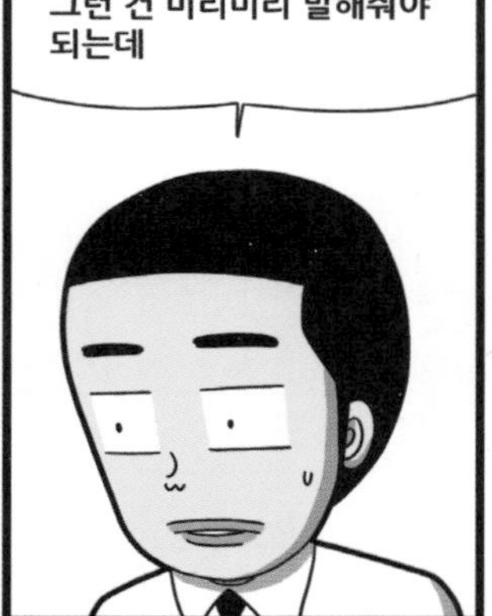
그런 건 미리미리 말해줘야
되는데

내가 이직 많이 해봐서 아는데
퇴사통보는 빨라도 늦어도 문제야

너무 촉박하게 이야기하면
이번 일처럼 인수인계나
결원 문제로 골치아프고

너무 빨리 이야기하면
아무래도 남은기간 동안
서로 어색해서 힘들고

그래서 통상 한달 전에
이야기하는 게 좋지
그러게요

• 상사는 퇴사 통보를 하고 있는 인물이 '사내 연애 후 이별'을 사유로 회사를 그만둔다고 오해하고 있는 상황(하하!)

처음 다니던 회사를 그만두던 때의 이야기입니다.

"고민을 많이 했는데, 이 업무를 계속하고 싶어서요. 교육 부서가 인소싱14 되어 있는 회사에서 근무를 하고 싶어요."

"미래를 생각한다면 그게 맞지. 오랫동안 같이 일하고 싶었는데, 아쉽다."

지금 하고 있는 업무를 계속하고 싶은데, 회사를 그만둔다니! 앞뒤가 안 맞지 않나요?

제가 처음 근무했던 회사에는 교육 부서가 없었습니다. 이 회사의 교육은 모든 계열사의 교육을 담당하는 그룹 연수원에서 진행하고 있었어요. 그래서 교육 업무를 하고 싶다면, 그룹 연수원에 파견가는 길밖에 없었습니다.

저는 3개월간의 신입사원 교육을 받았는데요. 회사의 일원이 되기 위한 연수를 받고 하루를 마무리할 즈음이면 제가 일하고 싶은 곳에 대해 곰곰이 생각하곤 했어요. 새로운 사람을 많이 만날 수 있고, 선한 영향력을 끼칠 수 있는 사회공헌 부서 혹은 신입사원의 온보딩을 담당하는 교육 부서에서 일하고 싶다는 생각이 가득했죠!

하지만 그 당시 회사의 통념상 사회공헌 부서나 교육부서로 신입사원이 배치되는 일은 적었어요. 그래서 총무 부서에서 일을 시작했고, 기회가 되어 회사의 교육을 담당하는 그룹 연수원으로 파견을 가게 되었습니다.

교육 업무는 정말 즐거웠고, 제게 딱 맞는 옷 같았어요. 그러나 시

14 인소싱 기업이나 조직의 서비스와 기능을 조직 안에서 총괄적으로 제공, 조달하는 방식. 서비스가 조직 밖에서 제공되는 아웃소싱과 반대되는 말

간이 갈수록 한계를 느꼈어요. 그룹 연수원 특성상 여러 회사의 교육을 진행했는데, 해당 회사의 사정을 자세히 파악할 수 없는 상태로 교육을 기획하려니, 난관에 봉착하게 되었습니다. 다른 회사에 교육 서비스를 제공하는 아웃소싱 교육의 한계를 느낀 때였습니다. 그래서 회사 안에 교육 부서가 있는 곳에서 새롭게 시작하고 싶었어요.

저는 사실 제가 이직 결심을 할 수 있을지 몰랐어요. 학교 다닐 때도 하나의 학원, 하나의 피트니스센터만 팠거든요. 회사도 처음 다닌 회사가 끝 회사일 줄로만 알았습니다.

여러분은 어떻게 생각하시나요? 사회생활을 시작한 회사가 마지막 회사일까요? 다소 도전적인 질문인지라 조심스러운데요. 성향에 따라 다르겠지만, 평생직장이라는 개념이 사라진 만큼 일평생 한 조직에서만 있는 분들은 적을 거라고 생각합니다. 실제로 배달의민족을 운영하고 있는 우아한형제들의 사옥 내 벽 모퉁이에는 '평생직장은 없다. 최고가 돼 떠나라'고 적혀 있다고 해요. 기업과 기성세대들이 밀레니얼 세대와 Z세대에 주목하면서 이들의 특징을 심도 있게 연구하는데요. 특히나, Z세대는 회사의 성장과 더불어 나 자신의 성장도 같이 바라는 등 성장에 대한 강한 욕구를 가지고 있습니다.15

15 Z세대가 직장을 통해 추구하는 가치 TOP 5 : '경제활동 수단, 물질적 행복, 소속감, 사회적 역할 수행, 지적 성장 추구, 지적 성장 추구' 가치는 전체 세대 대비 8.3%가 높았음 (출처:대학내일 20대 연구소)

실제로 주변만 살펴봐도 자신의 커리어 성장을 위한 이직이 늘어나고 있습니다. 이렇게 겪게 되는 회사와의 이별, 신입사원으로서 준비할 수 있는 건 어떤 게 있을까요? 제가 생각하기에 신입사원이 준비할 수 있는 건 딱 두 가지입니다. '업무 열심히 터득하기'와 '평판 관리'. 업무 터득은 따로 설명하지 않아도 잘 아실 거라고 생각합니다. 커리어 성장을 위한 이직, 다시 말해 경력 이직 시 회사 내 평판 혹은 업계 평판이 굉장히 중요한데요. 중요성을 말씀드리기 전에 저의 퇴직 과정을 간단히 공유하려고 합니다.

저는 약 한 달의 시간을 두고 퇴직 의사를 밝혔는데, 여유롭다고 생각했는데 준비를 해보니 마무리할 시간이 정말 턱없이 부족했습니다. 제가 생각했던 것보다 해야 할 일들이 많았습니다. 면담 등 퇴사 프로세스에도 성실히 참여해야 했고, 퇴직금 수령 등 행정 처리 또한 고됐습니다. 그리고 가장 중요했던 인수인계! 인수인계 파일들을 작성하는 데에도 시간이 꽤 걸렸습니다.

또한 오래 몸담지 않았던 회사를 떠나는 과정이었지만, 많은 동료와의 작별인사 또한 수일이 걸렸습니다. 어떤 동료가 날린 애틋한 인사에 눈물까지 터져 작별인사 시간은 예상보다 더 오래 걸렸어요.

이직을 위해 싹싹하게 행동했던 건 아니었지만, 평소 평판 관리의 값진 결과를 마무리 인사를 하면서 확인했습니다. 저는 낯도 가리지도 않고, 넉살이 좋은 편입니다. 신입사원 시절, 저와 같이 근무했던 선배들이 저희 부모님과 같은 연배이거나 약간 어려서 더 친근하게 느껴졌어요. 그래서 선배들께 먼저 다가가곤 했습니다. 그 전날 회식으로 해장이 필요하면, 아침에 컵라면을 사달라고 선배님들을 협박하기도 하고요. 자식 같은 후배가 이런 협박을 하니 예뻐 보이셨나 봐요. 정말 잘해주셨습니다.

부서를 옮길 때도 많이 아쉬워하셨는데, 회사를 떠난다고 하니까 더 아쉬워하시더라고요. 그중 한 분은 회사에서 큰 행사가 개최될 때 촬영을 하시고, 관련 데이터베이스를 관리하는 역할을 하셨는데요. 제가 그만둔다는 얘기를 들으시고, 제가 담긴 사진들을 다 인화해서 앨범을 만들어 선물로 주셨습니다. 그 선물을 받을 때 얼마나 울컥하던지…. 이런 걸 바라고 제가 선배들에게 먼저 다가갔던 건 아니지만, 값진 선물을 받은 것 같아 짐을 정리하면서 눈물을 찔끔 흘렸던 것 같습니다.

이런 사적인 이유뿐 아니더라도 업무적으로도 평판 관리는 중요합니다. 퇴사하면 끝이라고 생각할 수도 있겠지만, 그렇지 않습니다. 경력 이직을 할 때 같은 업계에서 일하는 경우가 대다수입니다. 업계는 생각하시는 것보다 좁습니다. 모두 다 직접 아는 사이는 아닐지라도, 건너건너 아는 사이가 대부분입니다. 그래서 평판 관리를 잘해야 한다고 말씀드리고 싶습니다.

경력 이직의 경우, 보통 평판 조회라 불리는 레퍼런스 체크가 이루어집니다. 구직자가 자신에게 호의적인 전 직장 동료에게 레퍼런스 체크를 부탁할 수도 있지만, 인사 담당자가 비공식적으로 구직자의 평판 조회를 하는 경우도 있습니다. 이러한 경우를 위해서라도 평소의 평판, 최소한 마지막의 모습을 관리해야 합니다.

평판은 짧은 시간 안에 만들어지는 게 아닌 만큼 관리에 신경 쓰라고 말씀드리고 싶습니다. 저의 경우, 그전에 다니던 회사의 팀장님과 현재 재직 중인 회사의 다른 부서 팀장님이 대학 동기라는 말을 듣고, '세상 정말 좁다. 그리고 업계는 더더욱 좁다'라고 느낀 적이 있습니다. 그렇다고 평판 관리에 목매라는 말은 아닙니다. 동료들과 즐겁게 회사생활을 하다 보면 자연히 따라오는 게 나의 좋은 평판일 테니, 옆에 있는 동료와 슬기롭고 즐거운 회사생활을 하는 게 우선일 것 같습니다.

베스트 댓글

원수는 외나무다리에서 만난다.

#36

성장

신입사원 때는
밤새는 줄도 모르고
열정을 가지고 업무를 했지

그런데 어느 정도 지나고 나니까
점점 일이 지겨워지고
하기 싫어지는 거야

그때 문득
그런 생각이 들더라고
내가 성장을
멈췄구나...

자네들 사람들이 언제
제일 즐거운 줄 아나?
언젠데요?

그건 바로 성장하고 있을 때지

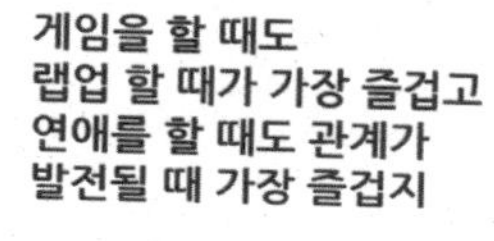
게임을 할 때도
랩업 할 때가 가장 즐겁고
연애를 할 때도 관계가
발전될 때 가장 즐겁지

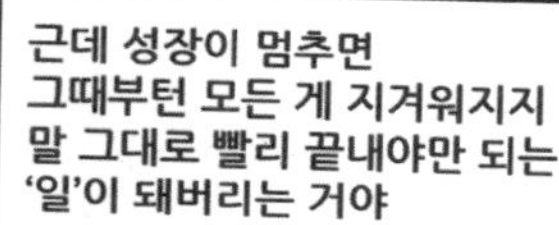
근데 성장이 멈추면
그때부턴 모든 게 지겨워지지
말 그대로 빨리 끝내야만 되는
'일'이 돼버리는 거야

그 뒤로 일을 할 때
조금이라도 성장하려고 노력을 했더니
일이 다시 즐거워지더라고
아..

<아이언맨>, <스파이더맨> 같은 히어로 무비를 좋아하시나요? 히어로 무비는 전 세계적으로 인기가 많습니다. 히어로 무비의 매력은 무엇일까요? 물론, 영웅이 악당을 물리치는 권선징악의 쾌감이 있습니다. 그러나 잘 만들어진 히어로 무비의 백미는 보잘것없던 주인공이 영웅으로 성장하는 스토리에 있습니다.

영화 <킹스맨>을 보면 뒷골목에서 괴롭힘을 당하던 우울한 한 소년

이 비밀정보 요원으로 훈련받기 시작합니다. 여러 과정을 거치며 주인공은 내면적 갈등, 자신을 둘러싸고 있는 새로운 세계에 대한 각성을 통해 정신적인 성장을 합니다. 우리는 영화를 보며 한 계단 한 계단 성장하는 주인공을 응원하게 됩니다.

회사를 다니는 과정에서 가장 큰 행복은 '성장'에 있습니다. 물론 누구나 부러워하는 높은 보상이 즐거움을 줄 수 있습니다. 하지만 그것만으로 회사에서의 긴 일상을 즐겁게 보낼 수는 없습니다. 제가 회사를 다니며 가장 뿌듯했던 순간을 떠올려보면 무언가를 해내거나, 장애물을 이겨냈을 때입니다. 동료와 협력하면서 새로운 시도와 시행착오를 겪으며 성장하는 여정에 즐거움이 있습니다. 많은 구직자가 취업을 할 때 '성장하기 좋은 직장'을 1순위에 두는 걸 보면 모두 비슷한 생각을 하나 봅니다.

예전에는 정기 공채가 많았습니다. 여러 명의 신입사원을 채용해서 도제식으로 일을 가르쳐주는 회사 주도형 인재 육성이 이루어졌습니다. 그러나 최근 들어 '수시 채용, 경력직 채용'이 늘어나고 있습니다. 이제는 회사 주도가 아니라 개개인의 자기 주도적 성장 전략이 필요한 시기가 되었습니다.

어떤 사람들은 파랑새를 찾는 것처럼 성장의 기회를 멀리서 찾곤 합니다. 주변 친구들이 좋은 직장으로 이직했다는 소식이나 친구들이 입사한 회사가 잘 나간다는 얘기를 듣다 보면 왠지 모르게 나는 여전히 제자리인 것 같아서 불안한 마음이 들기도 합니다. 그러나 현재 내가 있는 곳에서 만드는 성과가 내 성장의 원동력입니다. 지금 여러분이 머무르고 있는 회사에서 성장하는 법에 대해 자세히 얘기해보겠습니다.

회사를 다니는 가장 큰 행복은 성장입니다

첫째, 구체적인 성장 목표를 정하세요.

성장 자체가 목표라고 생각할 수 있지만 이를 실현하기 위해서는 달성해야 할 구체적인 목표를 세워야 합니다. 너무 장기적인 목표보다는 달성 가능한 단기 목표와 마일스톤을 세움으로써 목표를 달성하고, 추진력을 유지하는 것이 좋습니다.

둘째, 학습 기회를 탐색하세요.

잡코리아가 2020년 직장인 632명을 대상으로 '직장에서의 성장'을 주제로 설문조사를 실시한 결과, 약 30% 정도가 퇴근 후에도 업무와 연결되어 자신의 성장을 도모하고 있다고 합니다. 직무와 관련된 교육과정을 수행하거나 간행물을 구독하는 것도 수단이 될 수 있습니다. 공식적인 자격증이나 인증을 취득하는 방법도 있습니다. 직무 관련 컨퍼런스에 참석하여 오피니언 리더의 의견을 듣고 해당 분야의 새로운 트렌드를 파악하는 것도 도움이 됩니다.

셋째, 성장 욕심을 공유하세요.

성장 욕구가 마음속에만 있다면 동기부여를 위해 의지할 수 있는 것은 오직 자신뿐입니다. 그러나 주변에 알린다면 다른 사람들의 지원을 받을 수 있습니다. 경험이 많은 선배가 조언을 제공하고 성장에 필요한 핵심역량 개발에 도움을 줄 수 있습니다. 생각보다 많은 동료가 여러분이 새로운 기술을 습득하는 데 시간을 할애할 만큼 친절합니다. 무엇보다 여러분의 상사에게 꼭 공유하세요. 상사는 회사에서 당신의 성장을 크게 좌우할 사람입니다. 상사가 여러분의 희망과 기대를 인식하지 못한다면 성장을 도울 수가 없습니다.

넷째, 피드백을 적극적으로 요청하세요.

성장은 자신의 강점과 약점을 정확하게 이해하고 이를 개선하는 과정에서 극대화됩니다. 피드백을 통해 나의 능력에 대해 객관적인 관점으로 파악할 수 있습니다. 입에 쓴 약이 몸에 좋은 것처럼 부족한 점을 인식하고 실수로부터 배우는 것은 성장에 큰 밑거름이 됩니다. 물론 나의 실수나 단점을 인정하는 것이 항상 쉬운 것은 아닙니다. 여러분이 적극적으로 피드백을 요청하고, 이를 수용해서 고치는 모습을 보인다면 상사와 동료들은 훨씬 더 여러분을 신뢰할 것입니다.

다섯째, 내 일 외에도 호기심을 가져보세요.

성장하는 사람들은 자신의 일에 직접적으로 연관된 내용뿐만 아니라 다른 사람들의 일과 전반적인 조직 운영에 예리한 관심을 보입니다. 우리 팀 또는 연관 팀의 정기적인 성과 리뷰 내용을 찾아보세요. 회사 전체, 부서 전체에서 나의 업무가 담당하는 역할을 명확하게 이해하세요. 호기심이 많을

수록 성장 측면에서 더 많은 정보를 얻을 수 있습니다. 최근에는 정해진 경력 경로보다는 징검다리와 같은 경력 발전의 사례가 많습니다. 새로운 직무가 등장하기도 합니다. 우리 회사의 사업과 여러 직무의 역할을 이해하면 더 유연한 경력개발 계획을 가질 수 있습니다.

중앙일보와 블라인드가 국내 9371개 회사의 직장인 7만 2109명을 대상으로 한 '대한민국 직장인 행복도 조사' 결과를 보면, '성장'은 '사내 복지'나 '워라밸'보다도 직무 만족도와 높은 상관관계가 있다고 합니다. 나의 성장을 돕는 회사나 상사를 만난다면 너무나 좋겠지만 스스로가 명확한 성장 목표와 계획을 가지고 있을 때 그것이 의미가 있습니다. '성장'에서 가장 중요한 것은 바로 '나 자신'입니다. 여러분이 주도적으로 원하는 목표와 거기에 어떻게 도달할 것인지를 보여주는 주도적인 성장 스토리를 만들었으면 좋겠습니다. 여러분의 회사생활을 조금 더 행복하게 만드는 방법이니까요.

베스트 댓글

매너가 사람을 만들고, 성장이 행복을 만든다.

신입사원 편
요점정리

PART 1 첫X

1 첫 출근을 앞둔 신입사원에게

- 시간에 맞추어 출근합니다.
- 옷은 적당히 단정하고 깔끔하게 입습니다.
- 개인 비품을 어느 정도 챙겨갑니다.
- (가능할 경우) 구성원 이름은 미리 외워 가면 매우 편합니다.
- 만나는 모든 사람에게 씩씩하게 인사합니다.

2 첫 시작, 첫 업무는 어떻게

- 첫 업무 실수만 안 해도 다행입니다.
- 항상 메모하는 습관을 기르세요.
- 물어보기 전에 최소한의 준비는 해야 합니다.
- 모르는 것은 모아서 효율적으로 질문하세요.
- 여러분에게 기대하는 것은 업무 태도입니다.

3 누구나 취준생인 시절은 있었다

- 끊임없이 동기부여 하세요.
- 본인만의 새로운 루틴을 만드세요.

4 신입사원이 가장 잘할 수 있는 일

- 다양한 아이디어를 내세요.
- 이의제기를 하세요.
- 질문을 많이 하세요.
- 긍정적인 에너지를 발산하세요.

5 집에 있는데도 집에 가고 싶어지는 순간

재택근무가 불러올 피로를 줄이는 방법

- 나만의 홈오피스를 구축하세요.
- 일과 쉼의 경계를 분명히 하세요.

6 회식, 피할 수 없으면 즐겨라!

- 회식 전, 장소를 예약합니다.
- 회식 당일에 주의해야 할 사항을 확인합니다.

- 회식 다음 날, 해야 할 일을 확인합니다.
- 회식, 이왕 가는 거 맛있는 거 먹고, 좋은 이야기 많이 듣고 옵시다!

7 입사 후 방황하는 당신에게

- 내가 회사를 성장시키기 위해 할 수 있는 일이 무엇인지 먼저 고민하세요.
- 스스로의 목표와 기준을 만드세요.
- '일을 잘하는 사람'이 되기 위해 노력하세요.

PART 2 비즈니스 관련 팁

1 일잘러의 기본, 알잘딱깔센 이메일 쓰기

- 이메일 주소는 이름으로 하세요.
- 수신인과 참조인을 잘 구분하세요.
- 제목은 간결하고, 핵심을 알 수 있게 작성해주세요.
- 요청 내용과 일정을 명확하게 기입해주세요.
- 마지막으로 첨부파일과 링크를 확인하세요.

2 사내 메신저, 실수하지 마세요

- 사내 메신저는 카카오톡이 아닙니다.
- 대화 상대를 확인하세요.
- 인터넷 용어나 줄임말은 피하세요.
- 본론부터 간결하게 말하세요.
- 업무시간에 사용하세요.

3 직장인도 그들만의 언어가 있다

- 외국계: 영어 '급여체'
- 대기업: 분명 한국어인데 낯선 단어들…
- 스타트업: 외국계 + 판교 사투리

4 피하고 싶지만 피할 수 없는 거절 상황

- 상대방의 입장과 의견에 적절하게 공감해주세요.
- 상대의 의견 중 우려되는 부분과 이를 보완할 수 있는 대안을 제시해보세요.
- 거절의 이유와 현재 나의 상황을 솔직하게 이야기하세요.

5 센스 있고 당당하게 협조를 요청하는 법

- 협조가 필요한 내용과 부서를 정확히 하여 한 번에 요청하세요.
- 업무 협조를 요청하는 목적과 요청하는 내용을 구체적으로 설명하세요.
- 업무 협조를 요청한 부서에 준비 가능한 최소한의 시간을 보장해주세요.

6 협업이 어렵다고요?

동료의 협업을 이끌어내는 칭찬법 3단계를 기억하세요.

- 협업 전 - 협업이 필요한 부분과 협업하는 동료의 강점을 연결시켜 칭찬합니다.
- 협업 중 - 동료가 기여하고 있는 부분을 데이터로 수치화하여 칭찬합니다.
- 협업 후 - 상대방과의 협업을 통해 얻은 가치를 데이터로 수치화하여 칭찬합니다.

7 열을 잘하다 딱 하나를 놓쳤다면

실수를 최소화 할 수 있는 철저한 사전 준비

- 체크리스트를 작성하세요.
- '혹시, 만약, 그럼에도' 마인드를 장착하세요.
- 전지적 시뮬레이션을 해보세요.

문제 상황에 대처하는 의연한 자세

- 정확하고 빠른 공유가 중요합니다.
- 감정을 드러내기보다 이성적으로 문제를 수습하세요.
- 문제 상황을 혼자 복기하는 시간을 가져보세요.

8 이기적이고 이타적인 휴가 사용 매너

- 나의 부재기간 동안 발생할 수 있는 업무 이슈에 대해 생각해봅니다.
- 내가 맡은 업무를 미리 처리하거나 대리자를 구하여 부탁합니다.
- 유관부서 담당자에게 부재중 메일을 작성합니다.
- 휴가 중 자동 응답 메일을 작성하고, 전화 거절 메시지를 등록합니다.

9 업무시간 외 오는 연락 센스 있게 대처하는 방법

- 업무에 대한 데드라인을 정확한 일정과 함께 확인하세요.
- 데드라인 전 중간 사항을 꼭 공유하세요
- 대화가 더 이상 이어지지 않게 대화를 마무리하는 답변을 하세요.
- 센스 있는 멘트와 함께 업무시간에만 답변을 하세요.

1 처음부터 너무 잘하려고 하지 마세요

- 모든 사람에게 인정받으려고 하지 마세요.
- 사람은 생각이 다를 수 있다는 것을 잊지 마세요.
- 오해를 받았을 때 대화를 시도해보세요.

2 부정적인 피드백에 상처받고 있다면

- 언어가 향하는 '사람'이 아니라 언어가 시작된 '이유'를 생각해보세요.
- '이유'를 개선하기 위한 방법을 찾아 실행하세요.

3 당신의 선택은?

직장생활에서 겪는 힘든 일은 누군가에게는 '나쁜 일'이 되지만 누군가에게는 '오히려 좋은 일'이 됩니다.

- 원치 않는 부서 이동이나 업무 변경이 되는 경우: 다양한 직무의 사람들과 관계를 맺고 새로운 업무를 배울 수 있는 기회
- 리더 혹은 동료와의 갈등이 생긴 경우: 나와 맞지 않는 사람을 만났을 때 어떤 식으로 커뮤니케이션해야 하는지를 배울 수 있는 좋은 기회
- 승진이 누락된 경우: 나에게 이 업무 혹은 회사가 잘 맞는지를 다시 한번 생각하게 만드는 기회

4 상대적 박탈감 극복하기

- 회사의 장점을 리스트업 해보세요.
- 내 업무에만 집중해보세요.
- 장기적 관점에서 생각하세요.

5 가끔은 자기 객관화도 필요합니다

- SWOT 분석을 통해 자기 객관화를 합니다.
- 담당 매니저에게 나에 대한 평가를 부탁합니다.
- 친분이 있는 동료에게 피드백을 받습니다.
- 주기적으로 본인의 이력서를 업데이트합니다.

6 스트레스는 내가 통제할 수 없는 상황에서 생긴다

- 스트레스는 완전히 없앨 수는 없지만 줄일 수 있습니다.
- 스트레스를 받는다면 통제할 수 있는 영역과 통제할 수 없는 영역을 파악해보세요.

7 상황을 바꾸기 어렵다면, 나부터!

- 문제의 원인을 바꿀 수 없는 외부 조건과 환경에서 찾는다면, 상황은 점점 더 불편해지기만 합니다.
- 변화는 지금 내가 겪는 불편함을 다른 사람은 겪지 않았으면 하는 마음에서 출발합니다.
- 작지만 '나부터' 할 수 있는, 나만의 개선 방법을 찾아 행동으로 옮겨보세요.

8 혼자 있고 싶습니다. 모두 나가주세요

- 회사에서 마음이 지칠 때 나를 위로해줄 수 있는 나만의 공간이 필요합니다.
- 회사마다 마련된 휴게실도 좋지만, 휴게실이 없더라도 '나만의 공간'은 생길 수 있습니다.
- 혼자 쉴 수 있는 곳, 에너지를 충전할 수 있는 곳이 바로 마음 편히 쉴 수 있는 '나만의 공간'입니다.

PART 4 상사병 예방

1 스몰 토크 잘 이어 나가는 법

- 스몰토크 전 '이 사람이 나와 대화하고 싶어 하는가'를 먼저 파악합니다.
- 스몰토크를 위해 수행되어야 할 작업 리스트를 확인하세요.
- 대화의 물꼬를 트는 주제를 확인하세요.
- 권장하지 않는 주제를 확인하세요.
- '가장 중요한 것은 인사를 잘 하는 것'입니다.

2 세상에서 가장 어려운 상사의 마음 읽기

- 상사의 표면적 '요구'에 가려진 '욕구'를 찾아보세요.
- 의도 파악이 어렵다고 지레짐작으로 업무를 시작하는 것은 꽤나 위험한 일입니다.
- 업무를 옳은 방향으로 정확하게 수행하기 위해 필요한 정보는 적극적으로 물어보세요. "무엇을, 왜, 언제까지 원하시나요?"

3 내 상사를 존중하되, 그 감정까지 따라가지 마세요

- 스스로 업무 프로세스를 정확하게 숙지하세요.
- 상사가 기분파인지 파악해보세요.
- 비상식적인 상사의 말과 행동에 깊이 빠지지 마세요.

4 상사병 예방을 위한 '욕'하원칙

- 마음이 맞는 동료들과 점심 약속을 잡습니다.
- 기분이 나쁠 때 저금하는 통장을 만듭니다.
- 나를 힘들게 하는 상사와 최대한 같이 있는 걸 피합니다.
- 취미를 만듭니다.

5 상사 때문에 무턱대고 사직서 내지 마세요

- 스스로 업무 회고록을 작성해보세요.
- 상사와의 1:1 미팅을 가져보세요.
- 인사팀에 도움을 요청하세요.
- 휴가를 내어 머리를 맑게 해보세요.

PART 5 성장과 행복

1 회사에서 행복 찾는 법

- 작은 즐거움도 크게 표현하세요.
- '그럴 수도 있지'라는 마인드를 가져보세요.

2 즐겁게 일하고 좋은 성과를 내려면

- 단순히 어떤 일을 '하는 것'이 아니라 그 일을 '지속하는 것'에 집중하세요.
- 일을 시작하기 전 스스로에게 질문을 던지는 습관을 들여보세요.
  "이 일을 통해 '회사가' 얻을 수 있는 가치와 '내가' 얻을 수 있는 가치는 무엇인가?"

3 미루지 않는 습관, 2분의 법칙

- 어떤 업무에 2분 미만이 소요된다면, 그것이 정의된 순간에 바로 해야합니다.
- 미루지 않는 습관이 생기면 점점 더 큰 추진력을 만들 수 있습니다.
- 부담되는 업무도 2분만 하다 보면, 지속하는 힘이 생길 수 있습니다.

4 가끔은 분위기 전환을 해보자

- 회사에서 제공하는 여러 복지를 활용하세요.
- 옥상을 이용하세요.
- 점심시간을 활용하세요.
- 금요일이나 월요일에 연차를 사용하여 2박 3일 여행을 다녀오세요.

5 업무도 휴식도 계획성 있게!

- 업무 시작 전 To Do 리스트를 작성해 우선순위를 정해보세요.
- 업무 외 개인 시간을 꼭 가지세요.
- 업무에 대한 회신은 되도록 업무시간에만 해봅시다(당장 급하지 않다면…).

6 세상은 넓고 업계는 좁다

- 평생직장이라는 말은 사라진 지 오래! 자신의 성장을 위한 경력 이직이 많아지고 있습니다.
- 내가 몸담고 있는 업계는 생각보다 좁은 경우가 많습니다. 현재 재직 중인 회사에서의 평판을 잘 관리하세요.

7 회사를 다니는 가장 큰 행복은 성장입니다

- 성장은 멀리 있지 않습니다. 지금 있는 곳에서 성장 기회를 만드세요.
- 구체적인 성장 목표를 수립하세요.
- 학습 기회를 찾아보세요.
- 성장 욕심을 주변에 알리세요.
- 피드백을 요청하고, 다른 업무에서도 호기심을 가져보세요

EPILOGUE

마무리를 하기에 앞서, 이 글은 언젠가 힘에 부칠 때 읽어주시면 좋겠습니다. 물론, 지금 읽고 나중에 또 읽어주시면 더 감사하지만요.

저는 신입사원 시절을 떠올리면 울컥 눈물이 나요. 누구보다 성장통을 강하게 겪었는데요. 그 순간에는 매일매일 울며 출근하고 힘들었지만, 그 때가 있었기에, 그리고 그 후 이어진 나날들이 있었기에 지금의 제가 있다고 생각합니다.

사회초년생 때는, 그리고 청춘일 때는 아파야 한다고 권장하는 건 절대 아닙니다. 제게 그때로 돌아가라고 누군가 외친다면 '절대 싫다'라고 말하고 싶으니까요. 그만큼 힘들었지만 깨달은 바도 많기에, 그리고 그 나날들이 지금의 저를 만들었기에 마냥 괴롭지만은 않았다고 느끼고 있습니다.

직장인들만이 가입할 수 있는 익명의 커뮤니티를 비롯한 온라인 커뮤니티에서 회사는 부정적으로 그려지기 마련입니다. 당연합니다. 우리가 가장 오래 머무는 곳이니까요! 집값이 아까울 정도로 집보다 더 오래 머무르는 곳이 회사입니다. 그렇기에 회사에서 보다 행복하게 지내야 한다고 생각합니다. 밝고 해맑게 지내라는 말은 아닙니다. 그저 나답게, 나다운 행복을 만들어가며 회사를 다녀보라고 말씀드리고 싶습니다.

나다운 행복은 무엇일까요? 그건 바로 회사와 여러분의 교집합을 찾는 것입니다. 한창 번아웃으로 힘들 때 커리어 상담을 받은 적이 있습니다. 모든 게 부정당하고, 회사에서 할 수 있는 게 없는 것 같다고 말씀드렸더니, 회사와 나의 교집합을 생각하라고 하시더라고요. 회사가 나에게 바라는 것, 그리고 내가 그걸 해내며 얻거나 배울 수 있는 것. 그것이 바로 교집합이었습니다. 힘들지만 회사에서 얻을 수 있는 게 하나라도 있다면, 아직은 회사는 나의 일상인 것입니다. 여러분은 지금 회사에 왜 다니고 있나요? 두둑한 성과급? 엄지 척하게 되는 복지 혜택? 애정하는 동료들? 나의 역량 향상? 무엇이 됐든, 그 이유가 교집합이며 나만의 행복인 것입니다.

우리의 일상은 긍정적인 면과 부정적인 면, 둘 다 존재합니다. 그리고 부정적인 건 긍정적인 것보다 크게 보이기 마련이에요. 흐린 눈이라는 말이 있잖아요. 부정적인 것에는 흐린 눈을 하면서 긍정적인 것, 내가 얻고 배울 수 있는 것에 선택과 집중을 해보는 건 어떨까요?

지금 이 순간에도, 혹은 조금 전까지도 여러분은 몰랐겠지만, 여러분만의 행복을 찾으며 회사에 다니고 있습니다. 힘들지만 분명 그 순간에도 깨닫고 얻는 게 있습니다. 그것에 집중해보세요! 좀 더 마음이 편해질 겁니다.

여러분께 고생길 아닌, 행복으로 향하는 꽃길을 선사하고 싶어 결성됐던 저희들의 모임이 이렇게 마무리되네요. 힘들 때마다 혹은 고민될 때마다, 심심할 때마다 이 책을 찾아주세요. 부적처럼 책상 한편에 놓아주셔도 좋습니다. 지금도, 앞으로도, 여러분의 행복을 응원하겠습니다. 행복하세요.

2023년 1월 새롭게 시작하기 좋은 어느 날

가우스전자 신입사원 편 저자 일동